Mix Genuss

INHALTSVERZEICHNIS

Die MixGenuss Story

Rezeptübersicht

Aus jedem Buch, Kalender und Rezeptheft ein Rezept!
10 Jahre
MIXGENUSS

SUPER
DUPER
Happy
Birthday

DIE MIXGENUSS STORY

Wie alles begann...

Tja, wie ging es eigentlich los mit MixGenuss beziehungsweise der Idee, ein eigenes Kochbuch zu schreiben? Fangen wir mal an.

Zu meiner Person:
Mein Name ist Corinna Wild, geboren 1982 in Kelheim im schönen Niederbayern. Nach der Schule machte ich eine Ausbildung zur Industriekauffrau und lernte dabei auch das Gestalten von Medien. Damals waren es noch Produktkataloge, heute sind es Bücher.

Als ich im Jahr 2010 nach der Geburt meines ersten Sohnes einen Thermomix kaufte, um Babybrei zu kochen, hat mich das Thermomixfieber sofort gepackt und ich koche seither fast täglich damit.

Ich habe mir ein vegetarisches Kochbuch gewünscht, aber damals gab es einfach keines!

Das musste ich ändern und mich hat der Ehrgeiz gepackt, selbst ein vegetarisches Buch zu entwerfen. Also habe ich mit dem iPad alles fotografiert, was ich gekocht habe, und in vielen Nachtschichten (das Baby schlief ja dann ... meistens) das erste Rezeptheft designt. Anschließend wurde es an eine Druckerei gegeben und die Erstauflage mit 500 Stück wurde 3 Wochen später geliefert. Ich erinnere mich noch sehr gut an diesen Moment im Frühjahr 2011, als ich den Karton mit MEINEN Büchern geöffnet habe. Ein richtig tolles Gefühl.

Nachdem Familie und Freunde mit dem Buch versorgt waren, wurde auf eBay verkauft. Und tatsächlich habe ich 3-4 Hefte in der Woche verkauft! Ach, war ich stolz ...

Natürlich blieb es nicht dabei, denn mein kreativer willensstarker Kopf (ich bin Widder) plante schon das nächste Projekt: **EIN REZEPTKALENDER** mit 52 Wochenblättern und jede Woche zwei neue Rezepte. So etwas gab es zu dieser Zeit noch gar nicht am Markt.

Und nach vielen weiteren Nachtschichten (mittlerweile war Kind Nr. 2 schon da und wollte tagsüber bespaßt werden) entstand unser Rezeptkalender 2012. Dieser erschien im Herbst 2011, gefolgt von einem weiteren Rezeptheft "Weihnachtszauber".

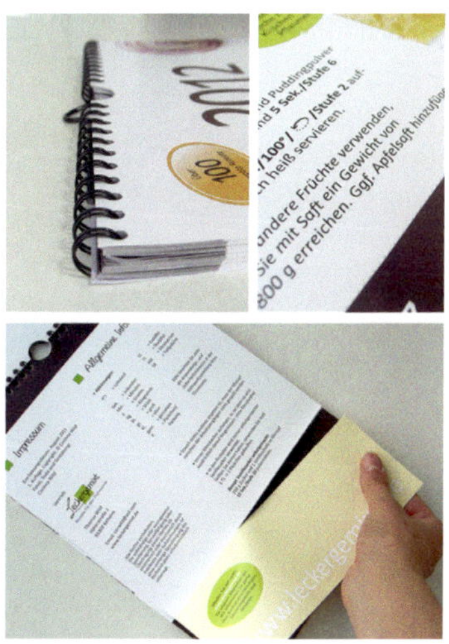

So begann also die Geschichte. Ich produzierte Bücher und mein Mann kümmerte sich um das Organisatorische wie Versand, Shop usw. Natürlich erstmal aus dem heimischen Wohnzimmer. Da mit 2 kleinen Kindern das Arbeiten im Wohnzimmer bald nicht mehr möglich war, sind wir in ein kleines Büro mit 50 qm umgezogen. Endlich mehr Platz und Ruhe!

Im Herbst 2012 erschien dann unser Rezeptkalender 2013 und wir haben unsere erste Mitarbeiterin eingestellt. Mittlerweile hatte ich mir auch eine professionelle Kamera für die Fotos gekauft.

Nach meiner Elternzeit ging ich natürlich nicht mehr in meinen alten Job zurück. Mein Herz und meine Leidenschaft gehörten nun ganz MixGenuss.

2013 haben wir dann einen Verlag gegründet und weitere Mitarbeiter eingestellt. Im Jahr 2015 begannen wir mit dem Bau unseres Firmengebäudes, denn wir platzten aus allen Nähten. Seit 2016 sind wir nun im Gewerbegebiet ansässig und mit eigener Verlagsküche, Fotozimmer und viiiiiel Platz im Lager macht die Arbeit gleich doppelt so viel Spaß.

Auch wenn es sich hier so easy liest, war es das nicht immer und uns wurden auch viele Steine in den Weg gelegt. Aber wir haben trotz allem nie den Mut und die Leidenschaft dafür verloren und sind mächtig stolz auf das, was wir in den letzten 10 Jahren erreicht haben:

- Bereits über 100 erschienene Titel
  Rezepthefte, Kochbücher und Kalender
- darunter viele Bestseller-Titel
  Entwicklung einer eigenen App
- digitale Medien wie iBooks und Kindle
- erweitertes Sortiment mit Delikatessen und Zubehör
- über 120.000 Fans auf Social Media Kanälen
- unzählige verpackte Bestellungen

Danke!

All das haben wir Euch - unseren Fans - zu verdanken!

16 Stücke

Geburtstags-TORTE

Für den Teig

Hinweis: Teigmenge wird doppelt benötigt.

150 g weiche Butter
200 g Zucker
1 P. Vanillezucker
1 Prise Salz
3 Eier
225 g Weizenmehl, Type 405
2 gestr. TL Backpulver
1 gestr. TL Natron
30 g Backkakao
25 g Sahne
160 g Milch, 1,5%
75 g Naturjoghurt, 10%

Für die Füllung

300 g TK-Beeren nach Wahl
50 g Wasser
4 Blatt Gelatine
200 g Sahne
100 g Zucker
200 g Doppelrahmfrischkäse
175 g Naturjoghurt, 10%
250 g Erdbeeren

Zubereitung Teig

Backofen auf 180°C Ober-/Unterhitze vorheizen. Butter, Zucker, Vanillezucker, Salz und Eier im Mixtopf **1 Min./Stufe 5** mixen. Restliche Zutaten für den Teig zugeben und **7 Sek./Stufe 4** vermengen. Teig in eine mit Backpapier ausgelegte Springform (ø 20 cm) geben und im vorgeheizten Backofen ca. 50 Min. backen. Boden vollständig abkühlen lassen. Das Ganze nochmal wiederholen, sodass man 2 kleine Kuchen erhält. Wenn diese abgekühlt sind, oben die Wölbung abschneiden und begradigen. Dann einmal waagerecht halbieren, sodass man insgesamt 4 Böden erhält.

Für die Ummantelung

250 g Mascarpone
60 g weiche Butter
60 g Puderzucker
200 g Doppelrahmfrischkäse

Zum Verzieren

1 Fl. Choco Drip Glasur (180 g)
200 g Sahne, steif geschlagen
ein paar bunte Streusel

Zubereitung Füllung

Beeren und Wasser in den Mixtopf geben und **15 Min./100°C/Stufe 1** kochen. In der Zwischenzeit Gelatineblätter in kaltem Wasser einweichen. Nach der Kochzeit Früchte durch ein Haarsieb streichen und die Flüssigkeit auffangen. Gelatine ausdrücken und darin auflösen.

Mixtopf spülen (Dieser muss kalt sein!). **Rühraufsatz einsetzen.** Sahne und Zucker auf **Stufe 3** steif schlagen. Sichtkontakt halten! Umfüllen und in den Kühlschrank stellen. Frischkäse und Naturjoghurt **15 Sek./Stufe 4** vermengen. Nun die abgekühlte Fruchtmasse hinzugeben und **20 Sek./Stufe 3** vermengen. Umfüllen und ebenfalls in den Kühlschrank stellen.
Nun die Erdbeeren putzen und in ganz kleine Würfel schneiden. Sobald die Fruchtmischung etwas fest wird (zu gelieren beginnt), Sahne und Erdbeeren unterheben.

Nun die Torte schichten. Den ersten Boden auf eine Tortenplatte geben und mit einem Tortenring umschließen. 1/3 der Füllung darauf geben. Es folgt wieder einen Boden, Fruchtmasse, nochmal Boden, restliche Fruchtmasse und mit dem letzten Boden abschließen. Torte für mind. 3-4 Std. in den Kühlschrank stellen, besser über Nacht.

Fertigstellung

Für die Ummantelung **Rühraufsatz einsetzen.** Alle Zutaten im Mixtopf so lange auf **Stufe 3** verrühren, bis eine gleichmäßige Creme entstanden ist. Tortenring entfernen und Torte mit der Creme umhüllen. Nochmal für 1 Std. kalt stellen. Mit Schoko-Drip-Glasur laut Packungsanweisung verzieren und wieder abkühlen lassen. Geschlagene Sahne mithilfe eines Spritzbeutels darauf tupfen. Bunte Streusel darüber geben, fertig!

Pro Stück: 665 kcal | 56 g KH | 9 g EW | 45 g Fett

10-12 Patties

VEGGIEBURGER

Patties mit Kidneybohnen

Zutaten

30 g	Leinsamen
100 g	Wasser, lauwarm
1	Zwiebel, halbiert
1	Knoblauchzehe
1 gr. Dose	Kidneybohnen (Abtr.gew. 500 g)
30 g	Tomatenmark
1 TL	Senf, mittelscharf
100 g	feine Haferflocken
1 TL	Salz
1 TL	Zwiebeln, granuliert
1 TL	Paprikapulver, edelsüß
½ TL	Cayennepfeffer
½ TL	Thymian, getr.
½ TL	Oregano, getr.
etwas	Öl zum Braten

Zubereitung

Leinsamen im Mixtopf **10 Sek./Stufe 10** zerkleinern. In eine Tasse umfüllen.

Wasser in den Mixtopf geben und **2 Min./Varoma/Stufe 1** erhitzen. Zu den Leinsamen gießen und 5 Min. quellen lassen.

Zwiebel und Knoblauch im Mixtopf **5 Sek./Stufe 6** zerkleinern. Bohnen absieben und unter fließendem Wasser waschen. Zusammen mit den restlichen Zutaten und den Leinsamen im Mixtopf **6 Sek./Stufe 5** zerkleinern. Mit dem Spatel durchrühren und dann noch einmal **30 Sek./Teigstufe** vermengen.

Mit feuchten Händen Patties formen und in einer Pfanne mit etwas Öl von beiden Seiten anbraten, bis diese schön knusprig sind.

MAKING BURGER

Einfach Burgerbrötchen im Ofen erwärmen und nach Belieben belegen. Wir haben neben dem Patty noch Salat, Gurke, Tomate, Zwiebel, Avocado und Schmelzkäse mit auf's Brötchen gelegt und darüber etwas Ketchup und Mayo gegeben.

Pro Patty: 100 kcal | 13 g KH | 5 g EW | 3 g Fett

NACH WUNSCH BELEGEN!

Auch lecker mit Avocadocreme.

Aus dem Heft

Die Patties können auch prima eingefroren werden. So hat man immer welche auf Vorrat.

Hier eine Variante mit Fetakäse! Mit Salat ein schnelles Mittagessen.

Roter ZWIEBELKUCHEN

6 Portionen

Für den Teig

220 g	Wasser, lauwarm
½ Würfel	frische Hefe
400 g	Pizzamehl
1 EL	Honig
2 TL	Salz
1 TL	Öl

Für den Belag

4	rote Zwiebeln, halbiert
20 g	Öl
200 g	saure Sahne
1	Ei
1 TL	Salz
½ TL	Pfeffer, gem.
½ TL	Paprikapulver, edelsüß
½ TL	Muskat, gem.
1 TL	Zwiebeln, granuliert
etwas	Frühlingszwiebelgrün
170 g	Fetakäse

So sah es 2012 noch aus!

Roter Zwiebelkuchen

Zutaten:
200 g Käse (Gouda und Emmentaler gemischt)
180 g Wasser
1/2 Würfel Hefe
60 g Öl
1 Prise Salz
1 Prise Zucker
400 g Mehl
4 Rote Zwiebel, halbiert
200 g Saure Sahne
1 Ei
1 TL Salz
1 TL Pfeffer

Zubereitung:
• Backofen auf 200° Heißluft vorheizen.
• Käse in den Mixtopf geben und **15 Sek./Stufe 5** reiben. Umfüllen.
• Wasser, Hefe, 50 g Öl, Salz und Zucker in den Mixtopf geben und **15 Sek./Stufe 4** verrühren.
• Mehl hinzufügen und **1 Min./Teigstufe.**
• Teig ausrollen und auf einen mit Backpapier belegten Backrost legen.
• Zwiebel **4 Sek./Stufe 5** zerkleinern.
• 10 g Öl hinzufügen und **1:30 Min./Varoma/Stufe 1** dünsten.
• Saure Sahne, Ei, Salz und Pfeffer hinzugeben und **5 Sek./Stufe 4** vermischen.
• Masse auf den Teig geben, verteilen und mit Käse bestreuen.
• Im vorgeheizten Backofen ca. 15-20 Min. backen bis der Käse sich goldbraun färbt.

Apfel-Zwiebel-Butter

Juli

Montag	Dienstag	Mittwoch	Donnerstag	Freitag	Samstag	Sonntag
16.	17.	18.	19.	20.	21.	22.

Kalenderwoche 29

Zubereitung

Wasser und Hefe im Mixtopf **5 Sek./Stufe 4** mixen. Restliche Zutaten für den Teig zugeben und **2 Min./Teigstufe** kneten. Teig umfüllen und 15 Min. ruhen lassen. Dünn ausrollen und auf ein mit Backpapier belegtes Backblech geben. Mixtopf spülen.

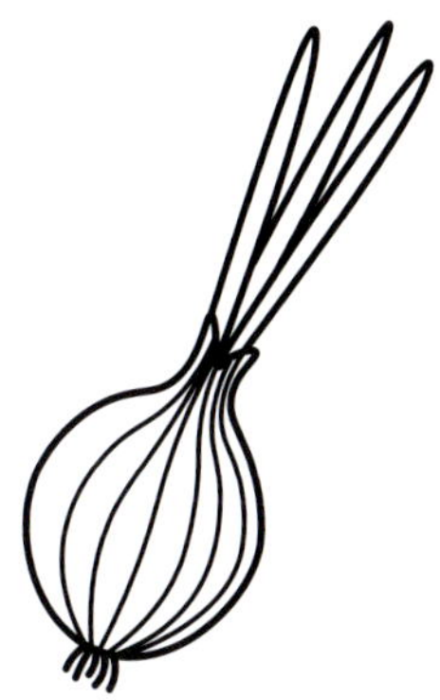

Backofen auf 180°C Umluft vorheizen. Zwiebeln in den Mixtopf geben und **5 Sek./Stufe 5** zerkleinern. Mit dem Spatel nach unten schieben. Öl zugeben und **2 Min./Varoma/Stufe 1** dünsten. Saure Sahne, Ei und Gewürze zugeben und **5 Sek./Stufe 4** vermischen. Masse auf den ausgerollten Teig streichen. Frühlingszwiebelgrün darüber streuen und Fetakäse mit den Händen darauf bröseln. Für ca. 15-20 Min. backen.

Pro Portion: 433 kcal | 55 g KH | 16 g EW | 16 g Fett

ZUCCHINI BAGUETTE

Aus dem Kalender 2012

Zutaten

250 g Zucchini
140 g Wasser
1 TL Salz
½ Würfel frische Hefe
450 g Weizenmehl, Type 405

TIPP

Für ein schönes Backergebnis die Baguettes einfach nach 5 Min. Backzeit mit einem scharfen Messer, das vorher mit Wasser befeuchtet wurde, der Länge nach einschneiden.

Zubereitung

Backofen auf 220 °C Ober-/Unterhitze vorheizen.
Zucchini in Stücken in den Mixtopf geben und **3 Sek./Stufe 5** zerkleinern. Anschließend in ein Sieb geben und etwas Salz darüber geben. Vermengen und gut abtropfen lassen.

Wasser, Salz und Hefe in den Mixtopf geben und **1 Min./50°/Stufe 1** erwärmen. Mehl und die abgetropfte Zucchini hinzufügen und **2 Min./Teigstufe** kneten.

Aus dem Teig 3 Baguettes formen und ca. 15 Min. gehen lassen. Im vorgeheizten Backofen ca. 20-25 Min. backen.

TOP TIPP

So bekommt Ihr klebrigen Teig ganz einfach aus dem Mixtopf!

Pro Baguette: 544 kcal | 110 g KH | 18 g EW | 2 g Fett

6 Portionen

MARZIPAN MOUSSE

Aus dem Heft

Eine tolle Nachspeise, die sich auch perfekt für das Weihnachtsmenü eignet.

Zutaten

200 g Marzipan
2 EL Mohn
250 g Milch, 1,5%
1 EL Amaretto
30 g Zucker
2 Eigelb
2 Btl. Sofortgelatine (à 15 g)
300 g Sahne

Dazu passt eine feine Himbeersoße. Einfach etwas Himbeermarmelade mit einem Schuss Amaretto verrühren.

Zubereitung

Marzipan und Mohn im Mixtopf **5 Sek./Stufe 4** zerkleinern. Milch zugeben und **3 Min./70°C/Stufe 2** erwärmen. Amaretto, Zucker und Eigelb hinzugeben und **3 Min./70°C/Stufe 3** schaumig rühren. Sofortgelatine hinzufügen und **15 Sek./Stufe 4** verrühren. Masse umfüllen und ca. 30 Min. abkühlen lassen. Mixtopf spülen.

Rühraufsatz einsetzen und Sahne auf **Stufe 3** steif schlagen. Die abgekühlte Mohnmasse zugeben und **6 Sek./Stufe 3** unterrühren. Die Masse in eine Schale umfüllen und für ca. 6 Std. in den Kühlschrank stellen.

Vor dem Servieren mit einem in warmes Wasser getauchten Esslöffel kleine Nocken abstechen und auf einem Teller anrichten.

Pro Portion: 413 kcal | 25 g KH | 10 g EW | 31 g Fett

48 Stück

FEENKÜSSE
mit Toffifee

Aus dem Heft

Sehr lecker und auch bei Kindern äußerst beliebt.

Für die Baisermasse

2 Eiweiß
1 TL Zitronensaft
100 g Zucker

Für den Teig

150 g Weizenmehl, Type 405
50 g Zucker
100 g Butter o. Margarine
1 Eigelb
1 Prise Salz
1 EL Wasser

Außerdem

48 Toffifee

Zubereitung

Zuerst Baisermasse herstellen. **Rühraufsatz einsetzen.** Eiweiß und Zitronensaft in den Mixtopf geben und **2 Min./50°C/Stufe 3** steif schlagen, dabei Zucker langsam durch die Deckelöffnung einrieseln lassen. Umfüllen und in den Kühlschrank stellen.

Teigzutaten in den Mixtopf geben und **30-40 Sek./Stufe 4** zu einem Mürbteig verarbeiten. Teig aus dem Mixtopf nehmen, von Hand zu einer Kugel kneten und in Frischhaltefolie wickeln. Ca. 1 Std. in den Kühlschrank geben.

Backofen auf 200°C Ober-/Unterhitze vorheizen. Teig auf etwas Mehl ausrollen und Kreise (Ø 4,5 cm) ausstechen. Auf ein mit Backpapier belegtes Backblech geben. Je ein Toffifee mit der Schokoladenseite nach unten in die Mitte eines Teigkreises setzen. Nun Baisermasse darauf spritzen, die Toffifee müssen ganz bedeckt sein! Im vorgeheizten Backofen 15-20 Min. backen.

Pro Stück: 88 kcal | 11 g KH | 1 g EW | 5 g Fett

4 Portionen

REISSALAT mit Banane

Zutaten

250 g Langkornreis
1.000 g Wasser, lauwarm
1 EL Gemüsebrühpulver
1 Zwiebel, halbiert
20 g Öl
1 gelbe Paprika, in Stücken
1 grüne Paprika, in Stücken
2 Bananen
1 EL Zitronensaft

Tipp: Wer Basmatireis verwenden möchte, reduziert die Garzeit auf 18 Min.

Aus dem Heft

Das Rezept stammt von der Oma meines Mannes! Immer wieder lecker auf Familienfesten.

Für das Dressing

1 TL Salz
2 Prisen Pfeffer, gem.
1 TL Gemüsebrühpulver
1 TL Currypulver
3 EL Essig
50 g Mayonnaise

Zubereitung

Reis ins Garkörbchen einwiegen und unter laufendem Wasser wässern. Wasser und Gemüsebrühe in den Mixtopf geben und Gareinsatz mit Reis einsetzen. Mixtopf verschließen. Nun **24 Min./Varoma/Stufe 1** garen. Reis in eine Schüssel füllen und Mixtopf kurz mit Wasser ausspülen.

Zwiebel in den Mixtopf geben und **3 Sek./Stufe 5** zerkleinern. Öl zugeben und **2 Min./Varoma/Stufe 1** dünsten. Gedünstete Zwiebel über den Reis geben. Paprikaschoten klein würfeln und zum Reis geben.

Zutaten für das Dressing im Mixtopf **10 Sek./Stufe 4** vermischen. Zum Reis geben und gut durchmischen. Zum Schluss die Bananen in Scheiben schneiden, mit Zitronensaft vermischen und unter den Salat heben.

Pro Portion: 477 kcal | 73 g KH | 7 g EW | 16 g Fett

TRAUBEN-KÄSEKRÄCKER

30-32 Stück

Aus dem Heft

Zutaten

30 runde Kräcker
15 blaue Trauben
15 grüne Trauben

Für die Creme

200 g Doppelrahmfrischkäse
125 g Magerquark
2-3 Spritzer Tabasco (altern. Worcestersauce)
1 gestr. TL Paprikapulver
etwas Salz & Pfeffer

Erst kurz vor dem Servieren die Creme aufspritzen, da die Kräcker sonst durchweichen.

Zubereitung

Zutaten für die Creme in den Mixtopf geben und **30 Sek./Stufe 3** verrühren. Die Creme in einen Spritzbeutel füllen und auf die Kräcker spritzen.

Die Trauben halbieren und jeweils eine blaue und eine grüne Hälfte zusammensetzen. Trauben mittig auf die Creme setzen.

Pro Stück: 53 kcal | 5 g KH | 1 g EW | 3 g Fett

20 Stücke

LIMOKUCHEN

für 1 Blech oder eine Kastenform

Aus dem Heft

Zutaten

200 g	Zucker
5	Eier (Gr. M)
150 g	Öl
200 g	Orangenlimonade
400 g	Weizenmehl, Type 405
1 P.	Backpulver
1 Prise	Salz

Ein toller Kuchen für den Kindergeburtstag oder zum Mitgeben in die Schule.

Zubereitung

Backofen auf 180°C Ober-/Unterhitze vorheizen. Zucker, Eier, Öl und Limo im Mixtopf **25 Sek./Stufe 5** mixen.

Mehl, Backpulver und Salz zugeben und **10 Sek./Stufe 4** vermengen. Auf ein mit Backpapier belegtes Backblech geben und glatt streichen.
Im Backofen ca. 20-25 Min. backen.

Kuchen nach Belieben mit Schokolade, Zuckerguss, Frischkäsecreme oder/und Streusel verzieren.

Pro Stück: 199 kcal | 26 g KH | 4 g EW | 9 g Fett

4 Portionen

GORGONZOLA-PILZSOSSE

Für 500 g Spaghetti

Aus dem Heft

Zutaten

250 g Champignons
etwas Olivenöl
100 g Sahne
100 g Milch, 1,5%
100 g Doppelrahmfrischkäse
200 g Gorgonzola
1 EL ital. Kräuter, getr.
1 gestr. TL Salz
¼ TL Pfeffer, gem.

Durch das Braten in der Pfanne erhalten die Pilze ein schönes Röstaroma.

Zubereitung

Spaghetti in reichlich Salzwasser al dente kochen. Pilze putzen, in Scheiben schneiden und in einer Pfanne mit reichlich Öl anbraten.

Alle Zutaten (außer Pilze) in den Mixtopf geben und **5 Min./80°C/Stufe 3** erhitzen. Spaghetti abgießen, noch feucht in eine Schüssel geben und sofort mit der Soße vermischen. Auf Tellern anrichten. Die Pilze darüber verteilen und servieren.

Pro Portion: 781 kcal | 92 g KH | 30 g EW | 33 g Fett

20 Röllchen

Kräuter-PFANNKUCHEN

Für den Teig

1 EL	gehackte Petersilie
1 EL	Schnittlauchröllchen
4	Eier
50 g	Butter
180 g	Milch, 1,5%
½ TL	Salz
125 g	Weizenmehl, Type 405

Außerdem

200 g	Doppelrahmfrischkäse
6-8	Scheiben Kochschinken
etwas	Schnittlauch

Ideal zum Brunch oder abends zur Brotzeit. Ihr könnt diese Pfannkuchen auch ungefüllt als Suppeneinlage verwenden.

Zubereitung

Backofen auf 160°C Umluft vorheizen. Alle Teigzutaten (außer Mehl) im Mixtopf **25 Sek./Stufe 5** mixen. Mehl zugeben und **10 Sek./Stufe 5** mixen.

Den Teig auf ein kleines mit Backpapier belegtes Backblech gießen und im Ofen ca. 15 Min. backen.

Den erkalteten Teig mit Frischkäse bestreichen und mit Schinken belegen. Aufrollen und in Stücke schneiden. Vor dem Servieren noch mit etwas Schnittlauch bestreuen.

Pro Röllchen: 95 kcal | 6 g KH | 5 g EW | 6 g Fett

12 Stücke

SACHERTORTE
mit Erdbeeren

Zutaten

200 g	Zartbitterschokolade
150 g	Butter
150 g	Zucker
150 g	Weizenmehl, Type 405
1 TL	Backpulver
5	Eier
200 g	Aprikosenkonfitüre
500 g	Erdbeeren
1 P.	Tortenguss rot

Für den Guss

100 g	Zartbitterschokolade
50 g	Sahne

Zubereitung

Backofen auf 180°C Ober-/Unterhitze vorheizen. Springform (ø 26 cm) mit Backpapier auslegen. Für den Teig Zartbitterschokolade in Stücken in den Mixtopf geben und **18 Sek./Stufe 8** zerkleinern. Butter zugeben und **2 Min./37°C/Stufe 3** schmelzen. Zucker, Mehl, Backpulver und Eier zugeben und alles **30 Sek./Stufe 4** zu einem Teig verarbeiten. Teig in die vorbereitete Springform geben und ca. 40 Min. backen. Mixtopf spülen.

Aprikosenkonfitüre im Mixtopf **1 Min./37°C/Stufe 2** verflüssigen und wieder abkühlen lassen. Den Kuchenboden zweimal durchschneiden und um den unteren Boden einen Tortenring stellen. Die Hälfte der Konfitüre darauf verteilen und den zweiten Boden darauf legen.
6 Erdbeeren zum Dekorieren beiseitelegen, die restlichen in Scheiben schneiden und auf dem Boden verteilen. Tortenguss nach Packungsanleitung zubereiten und über die Erdbeeren geben. Wenn der Tortenguss fest ist, den dritten Boden darauf geben und die restliche Konfitüre darauf streichen. Für den Guss Zartbitterschokolade **10 Sek./Stufe 8** zerkleinern. Sahne zugeben und **3 Min./50°C/Stufe 2** schmelzen. Die ganze Torte mit Guss überziehen und mit Beeren verzieren.

Pro Stück: 421 kcal | 45 g KH | 6 g EW | 23 g Fett

TOMATEN-Marmelade

Aus dem Heft

Zutaten

500 g Tomaten
1 Schalotte, halbiert
1 Knoblauchzehe
1 TL Olivenöl
70 g Zucker
30 g Weißweinessig
1 TL Kräuter der Provence
etwas Salz & Pfeffer

Zubereitung

Schalotte und Knoblauchzehe im Mixtopf **5 Sek./Stufe 5** zerkleinern. Mit dem Spatel nach unten schieben. Öl zugeben und **3 Min./120°C/Stufe 1** dünsten. Die vorbereiteten Tomaten und restlichen Zutaten dazugeben und **5 Sek./Stufe 4** mixen.

Das Ganze nun **ca. 10-15 Min./Varoma/Stufe 1** (ohne eingesetzten Messbecher) einkochen. Den Gareinsatz als Spritzschutz oben auf die Deckelöffnung stellen. Nach Ende der Garzeit sollten die Tomaten eingedickt sein. Ggf. noch einmal mit Salz & Pfeffer abschmecken.

Vorbereitung: Tomaten

Stielansatz herausschneiden. Eine Schüssel bereitstellen, in die der Gareinsatz passt. Die Tomaten in den Gareinsatz geben, diesen in die Schüssel stellen und mit kochendem Wasser übergießen. Ca. 1 Minute stehen lassen, dann den Gareinsatz (mithilfe des Spatels) aus der Schüssel mit dem Wasser nehmen. Die Tomaten abschrecken und häuten. Anschließend vierteln, die Kerne und das wässrige Fruchtfleisch entfernen (kann man z. B. noch zu einer Soße oder Suppe zugeben). Die vorbereiteten Tomaten ergeben jetzt ca. 250-300 g.

Pro 50 g: 38 kcal | 7 g KH | < 1 g EW | < 1 g Fett

HUGO-
Marmelade

Aus dem Heft

Zutaten

1.250 g Erdbeeren, geputzt, halbiert
1 Vanilleschote, Mark davon
2 Bio-Limetten
250 g Sekt (o. alkoholfreier Sekt)
150 g Holunderblütensirup
2 EL Minzeblätter, gehackt
500 g Gelierzucker 3:1

Zubereitung

Erdbeeren mit Vanillemark in den Mixtopf geben, **5 Sek./Stufe 8** zerkleinern. **5 Min./100°C/Stufe 3** kochen. Danach **20 Sek./Stufe 8** pürieren und durch ein feines Sieb streichen.

Mixtopf kurz ausspülen und Fruchtmark wieder in den Topf geben. Limetten heiß abwaschen, die Schale abreiben und in den Mixtopf geben. Saft auspressen und ebenfalls zugeben.

Restliche Zutaten zugeben und **12 Min./100°C/Stufe 2-3** einkochen.

Sofort in heiß ausgespülte Schraubgläser füllen, verschließen und Gläser 5 Min. auf den Kopf stellen.

Pro 50 g: 71 kcal | 16 g KH | < 1 g EW | < 1 g Fett

Grundrezept:

FRUCHTEIS

6 Kugeln

Zutaten

50 g Zucker
300 g gefrorene Früchte nach Wahl (z. B. Erdbeeren)
100 g Sahne

Zubereitung

Zucker im Mixtopf **10 Sek./Stufe 10** pulverisieren. Gefrorene Früchte zugeben und **12 Sek./Stufe 8** zerkleinern. Rühraufsatz einsetzen, Sahne zugeben und **30 Sek./Stufe 4** cremig rühren.

Tipp: Statt Sahne könnt Ihr auch Naturjoghurt, 3,8% verwenden. Für Wassereis nehmt Ihr anstelle der Sahne einfach 100 g Wasser.

Pro Kugel: 100 kcal | 12 g KH | 1 g EW | 5 g Fett

Aus dem Heft

Tropical

JOGHURTEIS

6 Kugeln

Zutaten

150 g gefrorene Bananenstücke
250 g gefrorene Tropicfrüchte
100 g Naturjoghurt, 3,8%

Zubereitung

Früchte im Mixtopf **10-20 Sek./Stufe 10** zerkleinern. Joghurt dazugeben und das Ganze (evtl. mithilfe des Spatels) **40-60 Sek./Stufe 4** cremig rühren.

Pro Kugel: 58 kcal | 10 g KH | 1 g EW | 1 g Fett

SANGRIA in Pink

8 Gläser

Aus dem Heft

Zutaten

50 g Zucker
150 g Erdbeeren
150 g Pfirsiche, entkernt, in Stücken
60 g Grenadine (Granatapfelsirup)
1 Fl. Sekt (0,7 L)
250 g Mineralwasser

einige Eiswürfel zum Servieren

Zubereitung

Zucker in den Mixtopf geben und **10 Sek./Stufe 10** pulverisieren.

100 g Erdbeeren, 100 g Pfirsiche und Grenadine zugeben und **10 Sek./Stufe 10** pürieren. 10 Min. ruhen lassen. Nun den Sekt über den Deckel einfließen lassen und mit dem Mineralwasser **10 Sek./Stufe 2** vermengen.

Restliche Früchte in Stückchen schneiden und zusammen mit Eiswürfel in Gläser geben. Sangria darüber gießen und servieren.

Pro Glas: 131 kcal | 18 g KH | 1 g EW | < 1 g Fett

Fruchtiger PUTENTOPF

Aus dem Kalender 2013

Damals waren wir unter dem Namen "Leckergemixt" bekannt.

6 Portionen

Zutaten

800 g Puten- oder Hähnchen-geschnetzeltes
250 g Champignons
2 Dosen Mandarin-Orangen (à 175 g Abtr.gew.)
1 Stange Lauch
40 g Butter

Für die Marinade

2 EL Öl
1 TL Kurkuma, gem.
1 TL Currypulver
1 TL Salz
½ TL Pfeffer, gem.

Für die Soße

300 g Schmand
100 g Sahneschmelzkäse
150 g Sahne
50 g Wasser
2 TL Gemüsebrühpulver
1 TL Paprikapulver, edelsüß
1 TL Currypulver
1 TL Sojasauce

Zubereitung

Backofen auf 180°C Ober-/Unterhitze vorheizen. Geschnetzeltes mit den Zutaten für die Marinade in eine große Auflaufform geben und gut vermengen.

Champignons in Scheiben schneiden, Mandarin-Orangen abtropfen lassen und beides über das Fleisch geben. Lauch in Ringe schneiden und zusammen mit Butter in den Mixtopf geben und **5 Min./100°C/ ↺ /Stufe 1** dünsten. Das Ganze in die Auflaufform geben. Mixtopf nicht spülen.

Zutaten für die Soße in den Mixtopf geben und **20 Sek./Stufe 3.5** mixen. Über den Auflauf gießen und gut vermengen. Im vorgeheizten Backofen ca. 25 Min. garen.

Pro Portion: 447 kcal | 14 g KH | 36 g EW | 27 g Fett

CHILI-CHEESE-Dip

Zutaten

1	rote Chilischote, entkernt, in Stücken
250 g	Schmelzkäsescheiben
1 geh. EL	rotes Pesto
70 g	Sahne

Zubereitung

Chili im Mixtopf **5 Sek./Stufe 6** klein hacken. Käse zugeben und **10 Sek./Stufe 3** zerkleinern. Mit dem Spatel nach unten schieben. Restliche Zutaten zugeben und **4 Min./70°C/Stufe 4** schmelzen.

Pro 30 g: 74 kcal | 2 g KH
4 g EW | 6 g Fett

Aus dem Heft

Lecker zu Pommes! Und gebt noch Jalapeños darüber.

Sofort warm genießen!

Dattel-Dip

Zutaten

1	Knoblauchzehe
150 g	getr. Datteln, entsteint
200 g	Schmand
200 g	Doppelrahmfrischkäse
50 g	Sahne
1 TL	Harissapaste (Chilipaste)
½ TL	Currypulver

Zubereitung

Knoblauch und Datteln im Mixtopf **5 Sek./Stufe 10** zerkleinern. Mit dem Spatel nach unten schieben. Restliche Zutaten zugeben und **20 Sek./Stufe 4** verrühren.

Pro 30 g: 80 kcal | 6 g KH | 1 g EW | 6 g Fett

Chimichurri

200 ml

Zutaten

5-6	Knoblauchzehen
½ Bd.	Petersilie
5	Frühlingszwiebeln, in Stücken
1 TL	Oregano, getr.
1 TL	grüne Tabascosoße
½	grüne Chilischote, entkernt
3 EL	Rotweinessig
1 EL	Apfelessig
80 g	Olivenöl

je 1 Prise Salz & Pfeffer

Zubereitung

Knoblauch und Petersilie im Mixtopf **10 Sek./Stufe 6** zerkleinern.

Restliche Zutaten zugeben und **20 Sek./Stufe 8** zu einer pestoartigen Masse verrühren.

Aus dem Heft

Das darf bei keinem Grillabend fehlen! Ich esse es gerne zu Fisch.

Pro 50 ml: 205 kcal | 6 g KH | 1 g EW | 19 g Fett

GULASCHSUPPE

mit Miniklößchen

4 Portionen

Zutaten

1	Paprika-Mix (500 g)
120 g	Champignons
200 g	Mais (Dose)
200 g	Kartoffelkloßteig
1	gr. Zwiebel
1 EL	Olivenöl
½	Chilischote, entkernt
250 g	Putenschnitzel
170 g	passierte Tomaten
200 g	Geflügelfond
350 g	Wasser
40 g	Tomatenmark
2 TL	Gemüsebrühpulver
2 TL	Paprikapulver, edelsüß
½ TL	Koriander, gem.
½ TL	Pfeffer, gem.
½ TL	Salz
1 ½ TL	Thymian, getr.

Zubereitung

Paprika in Streifen und Champignons in Scheiben schneiden. Zusammen mit dem Mais in den Varoma geben. Den Varoma Einlegeboden mit etwas Öl bestreichen. Aus dem Kartoffelkloßteig ca. 16 kleine Klößchen formen und mit etwas Abstand auf dem Einlegeboden verteilen.

Zwiebel halbiert in den Mixtopf geben und **3 Sek./Stufe 5** zerkleinern. Olivenöl und Chilischote (in feine Ringe geschnitten) zugeben und **3 Min./120°C/Stufe 1** dünsten. Putenfleisch in Streifen schneiden, dazugeben und **5 Min./120°C/Sanftrührstufe** garen.

Passierte Tomaten, Geflügelfond, Wasser, Tomatenmark, Brühpulver und die restlichen Gewürze zum Fleisch geben. Varoma mit Gemüse und den Kartoffelklößchen aufsetzen und **25 Min./Varoma/ ⟲ /Sanftrührstufe** garen.

Nach Ende der Garzeit in einer Servierschüssel mischen und genießen.

Pro Portion: 257 kcal | 33 g KH | 22 g EW | 6 g Fett

CEVAPCICI

MIT GEMÜSEREIS

Aus dem Buch

TIPP

Ihr könnt die Cevapcici auch bei 200°C Ober-/Unterhitze ca. 35-45 Min. im Ofen garen.

4 Portionen

Für die Cevapcici

1 Zwiebel, halbiert
2 Knoblauchzehen
1 Handvoll Petersilie
400 g Tatar
1 TL Majoran, getr.
1 TL Thymian, getr.
1 TL Paprikapulver, edelsüß
½ TL Salz
etwas Pfeffer, gem.
1 TL Öl

Für den Reis

1 Zwiebel, halbiert
1.200 g Wasser, lauwarm
1-2 TL Gemüsebrühpulver
25 g Tomatenmark
230 g Langkornreis
100 g Mais
100 g Erbsen
400 g Tomaten, gewürfelt
etwas Salz & Pfeffer
etwas Paprikapulver, rosenscharf
3 EL Petersilie

Zubereitung

Zwiebel, Knoblauch und Petersilie in den Mixtopf geben, **5 Sek./Stufe 6** zerkleinern. Tatar und restliche Gewürze hinzufügen und **40 Sek./Teigstufe** mithilfe des Spatels vermengen. Aus der Masse nun 8 gleich große Röllchen formen. In einer beschichteten Pfanne mit 1 TL Öl anbraten. Mixtopf spülen.

Für den Reis Zwiebel in den Mixtopf geben und **5 Sek./Stufe 6** zerkleinern. Umfüllen.

Wasser, Gemüsebrühpulver und Tomatenmark in den Mixtopf geben und **2 Sek./Stufe 7** mischen. Gareinsatz in den Mixtopf einsetzen, Reis einwiegen, Gareinsatz herausnehmen und den Reis unter laufendem Wasser wässern. Mais und Erbsen in den Varoma geben. Gareinsatz einsetzen, zerkleinerte Zwiebel auf den Reis geben und Varoma aufsetzen. Das Ganze **20 Min./Varoma/Stufe 1** garen.

Nach Garzeitende den Reis mit dem Gemüse und den Tomatenwürfeln vermengen. Mit Salz, Pfeffer, Paprikapulver und Petersilie abschmecken. Zusammen mit den Cevapcici servieren.

Pro Portion: 408 kcal | 51 g KH | 38 g EW | 6 g Fett

90 Stück

Kleine Mokkastangerl

Für den Teig

50 g Mandeln
50 g Haselnusskerne
275 g Weizenmehl, Type 405
75 g Zucker
1 P. Vanillezucker
2 TL Backkakao
1 Prise Salz
200 g Butter
2 Eigelb
2 EL kalter Espresso, stark

Für die Verzierung

150 g Zartbitterkuvertüre
20 g Kokosfett

Aus dem Adventskalender

Zubereitung

Mandeln und Haselnüsse im Mixtopf **10 Sek./Stufe 7** mahlen. Restliche Teigzutaten zugeben und **1 Min./Teigstufe** kneten. Den Teig auf der Arbeitsfläche von Hand zu einer Kugel kneten. Teig in Frischhaltefolie wickeln und für ca. 1 Std. in den Kühlschrank legen.

Teig portionsweise zu kleinen fingerdicken Rollen formen und ca. 6-7 cm lange Stangen abschneiden. Die Stangen auf 2-3 mit Backpapier belegte Backbleche geben und im vorgeheizten Backofen bei 160°C Umluft auf mittlerer Schiene ca. 10-12 Min. backen (ggf. die Bleche zwischenzeitlich tauschen, um ein gleichmäßiges Ergebnis zu erhalten).

Kuvertüre in Stücken in den Mixtopf geben und **10 Sek./Stufe 8** zerkleinern. Kokosfett zugeben und **3 Min./50°C/Stufe 2** schmelzen. Die abgekühlten Plätzchen mit jeder Seite in die flüssige Schokolade tauchen und fest werden lassen.

Pro Stück: 51 kcal | 4 g KH | 1 g EW | 4 g Fett

30 Stück

SNOWCABS

Für den Teig

60 g Öl, neutral, kalt
150 g Zucker
40 g Backkakao
2 Eier
einige Tropfen Butter-Vanille-Aroma
125 g Weizenmehl, Type 405
1 TL Backpulver
2 Prisen Salz

Außerdem:

30 g Puderzucker

Aus dem Adventskalender

Zubereitung

Öl, Zucker, Kakao, Eier und Butter-Vanille-Aroma in den Mixtopf geben und **1 Min./Stufe 5** verrühren. Mehl, Backpulver und Salz zugeben und **10 Sek./Stufe 4** verrühren. Den klebrigen Teig in eine Schüssel umfüllen und für mind. 2 Std. in den Kühlschrank stellen.

Mit leicht angefeuchteten Händen kleine Kugeln formen und in Puderzucker wälzen.

Die Kugeln mit etwas Abstand auf ein mit Backpapier belegtes Backblech setzen und im vorgeheizten Backofen bei 180°C Ober-/Unterhitze ca. 12-14 Min. backen

Pro Stück: 67 kcal | 9 g KH | 1 g EW | 3 g Fett

Fränkisches BAUERNBROT

Zutaten

400 g Wasser
10 g frische Hefe
350 g Weizenmehl, Type 1050
150 g Roggenmehl, Type 1150
25 g Sauerteigpulver *
½ TL Brotgewürz
2 TL Salz

** Wenn Ihr flüssigen Sauerteig (z. B. von Seitenbacher) verwendet, reduziert die Wassermenge um 15-20 g.*

Zubereitung

Wasser und Hefe in den Mixtopf geben und **2 Min./37°C/Stufe 1** erwärmen. Restliche Zutaten zugeben und **1:30 Min./Teigstufe** kneten. Teig aus dem Topf nehmen und in eine leicht bemehlte Schüssel geben. Zugedeckt ca. 2 Stunden gehen lassen.

Teig auf die bemehlte Arbeitsfläche geben und zu einem runden Laib „falten". Nach dem Falten Teig in ein bemehltes Gärkörbchen geben und so lange ruhen lassen, bis der Ofen vorgeheizt ist.

Ein mit Backpapier belegtes Backblech in den Ofen einschieben und auf 240°C Ober-/Unterhitze vorheizen. Sobald der Ofen die Temperatur erreicht hat, Teig aus dem Gärkörbchen auf das heiße Backblech stürzen und Ofentüre sofort schließen, damit keine Hitze verloren geht. Brot nun 15 Min. backen.

Backofentemperatur zurückdrehen und das Brot bei 180°C in 30 Min. fertig backen.

TIPP

Das Brot könnt Ihr auch in einem gusseisernen Topf mit Deckel backen. Den Teigrohling in den gefetteten Topf geben, Deckel verschließen und in den kalten Backofen stellen. Dann 1 Std. bei 240°C Ober-/Unterhitze backen. Für eine krosse Kruste entfernt den Deckel in den letzten 15 Min. Backzeit.

Pro Scheibe (bei 20): 89 kcal | 18 g KH | 3 g EW | 1 g Fett

WIR LIEBEN FRISCH GEBACKENES BROT!

Am liebsten mit etwas Butter und selbst gezogenen Sprossen.

Aus dem Buch

Das hier ist das absolute Lieblingsbrot meines Sohnes.
Er meint, es ist das weltbeste Brot :-)

4 Portionen

OFEN-PFANNKUCHEN

HAWAII

Schmeckt auch Kindern und lässt sich prima vorbereiten!

Für den Teig

150 g Weizenmehl, Type 405
5 Eier
120 g Milch, 1,5%
½ TL Salz
2 Prisen Pfeffer, gem.
130 g Mineralwasser

Für den Belag

250 g Mozzarella
150 g gegarte Putenbrust, Aufschnitt
1 Dose Ananasringe (Abtr.gew. 260 g)
4 EL Sweet-Chili-Sauce
1 Frühlingszwiebel

Zubereitung

Mehl, Eier, Milch, Salz und Pfeffer in den Mixtopf geben und **30 Sek./Stufe 5** rühren. Ca. 15 Min. ruhen lassen. In der Zwischenzeit Ofen auf 180°C Umluft vorheizen. Mozzarella in dünne Scheiben schneiden, Schinken vierteln. Ananasringe abtropfen lassen.

Nun Mineralwasser zum Teig geben und nochmals **15 Sek./Stufe 5** rühren. Eine Auflaufform (ca. 24 x 27 cm) fetten und den Teig einfüllen. Im vorgeheizten Backofen ca. 6 Min. vorbacken.

Aus dem Ofen nehmen und mit Putenbrust und Ananas belegen. Sweet-Chili-Sauce darüber geben und mit Mozzarellascheiben abdecken. Bei gleicher Temperatur nochmal ca. 20 Min. fertig backen. Vor dem Servieren mit Frühlingszwiebelringen bestreuen und ggf. noch mit etwas Sweet-Chili-Sauce beträufeln.

Pro Portion: 593 kcal | 47 g KH | 38 g EW | 28 g Fett

EISKAFFEE TORTE

Backzeit: ca. 35 Min.

Backtemperatur:
180°C Ober-/Unterhitze

TIPP
Die Torte für heiße Tage, kurz einfrieren und dann servieren.

Zutaten

50 g	Schokolade
150 g	Mandeln
6	Eier
150 g	Zucker
30 g	Paniermehl
1 P.	Backpulver
800 g	Sahne
3 P.	Sahnesteif
20 g	Vanillezucker
40 g	Eiskaffeepulver
1-2 EL	Mandelblättchen

Zubehör
Springform Ø 26 cm

16 Stücke

Zubereitung

Backofen auf 180°C Ober-/Unterhitze vorheizen.

Schokolade in Stücken im Mixtopf **10 Sek./Stufe 6** zerkleinern. Umfüllen. Mandeln **10 Sek./Stufe 8** zerkleinern und zur Schokolade umfüllen.

Rühraufsatz einsetzen. Eier und Zucker in den Mixtopf geben und **4 Min./50°C/Stufe 3** aufschlagen. Schoko-Mandel-Mischung, Paniermehl und Backpulver hinzufügen und **6 Sek./Stufe 2** unterheben. Rühraufsatz herausnehmen, evtl. Reste vom Mixtopfrand mit dem Spatel per Hand unterheben.

Den Teig in eine gefettete Springform füllen und im vorgeheizten Backofen ca. 35 Min. backen. Kuchen auskühlen lassen. Mixtopf spülen und trocknen.

Vom Tortenboden einen ca. 1 cm dünnen Deckel abschneiden und im Mixtopf **5 Sek./Stufe 4** zerbröseln. Umfüllen. Einen Tortenring um den Tortenboden schließen. Mixtopf spülen.

Rühraufsatz einsetzen. Sahne, Sahnesteif, Vanillezucker und Eiskaffeepulver in den kalt ausgespülten und trockenen Mixtopf geben und **Stufe 3** steif schlagen. Die steif geschlagene Sahne auf dem Tortenboden verteilen und mit den Teigbröseln bestreuen. Torte ca. 2 Std. kalt stellen. Mandelblättchen in einer Pfanne ohne Fett rösten, abkühlen lassen.
Die Torte mit den Mandelblättchen verzieren.

Aus dem Heft

TIPP:
Wer sicht glutenfrei ernährt, verwendet glutenfreies Paniermehl.

Pro Stück: 299 kcal | 35 g KH | 12 g EW | 11 g Fett

HUHN

KUNG PAO

2 Portionen

Zutaten

450 g	Hähnchenbrust
1 EL	Sojasauce, dunkel
1 EL	Reiswein*
1 TL	Speisestärke
etwas	Salz & Pfeffer
2	Frühlingszwiebeln
200 g	Basmatireis
1.200 g	Wasser, lauwarm
50 g	Erdnüsse, ungesalzen

Für die Soße

15 g	Ingwer, geschält
4	Knoblauchzehen, geschält
1-2	rote Peperoni, entkernt
2 geh. TL	Speisestärke
2 TL	Wasser
40 g	Reiswein*
120 g	Hühnerbrühe (Geflügelfond)
40 g	Sojasauce, dunkel
20 g	Zucker
20 g	Apfelessig
1 EL	Chilisauce (Sriracha)

*Anstelle von Reiswein könnt Ihr auch trockenen Sherry verwenden.

Pro Portion: 876 kcal | 83 g KH | 67 g EW | 27 g Fett

Ihr könnt das Fleisch entweder im Varoma garen oder für mehr Röstaromen auch in der Pfanne anbraten.

Zubereitung

Hähnchenbrust in Würfel schneiden. Mit Sojasauce, Reiswein, Speisestärke sowie etwas Salz und Pfeffer würzen und beiseitestellen. 30 Min. ziehen lassen. In der Zwischenzeit Frühlingszwiebeln in Ringe schneiden.

Reis in den Gareinsatz einwiegen, wieder herausnehmen und unter fließendem Wasser waschen, bis das Wasser klar ist. 1.200 g Wasser in den Mixtopf geben, Gareinsatz einsetzen. Fleisch in den Varoma geben, Varoma aufsetzen und das Ganze **20-25 Min./Varoma/Stufe 1** garen.

Nach Ende der Garzeit die Garflüssigkeit weggießen und Soße zubereiten. Ingwer, Knoblauch und Peperoni im Mixtopf **5 Sek./Stufe 6** zerkleinern. Restliche Zutaten für die Soße zugeben, **4 Min./100°C/Stufe 3** aufkochen. Soße mit Fleisch, Frühlingszwiebelringen und Erdnüssen mischen und mit dem Reis servieren.

Wer das Fleisch in der Pfanne gebraten hat, gibt die Soße, Erdnüsse und Frühlingszwiebeln direkt mit in die Pfanne und kocht das Ganze nochmal kurz auf.

Aus dem Heft

Achtung scharf!
Wer es milder mag, lässt die Peperoni weg.

Italienischer SPARGEL-NUDELSALAT

Schmeckt lauwarm oder kalt!

4 Portionen

Damals habe ich alle Gerichte noch zu Hause gekocht und fotografiert.

Zutaten

1 kg	Spargel (grün oder weiß)
200 g	Nudeln, nach Wahl
1	Knoblauchzehe
1	kl. Zwiebel, halbiert
50 g	getr. Tomaten, in Öl eingelegt, abgetropft
30 g	Olivenöl
50 g	Wasser, lauwarm
30 g	Balsamicoessig, dunkel
½ TL	Gemüsebrühpulver
etwas	Salz, Pfeffer & ital. Kräuter, getr.
1 Bd.	Rucola
30 g	Parmesanspäne

Zubereitung

Vom Spargel die Enden abschneiden. Spargel schälen, schräg in ca. 4-5 cm lange Stücke schneiden und in den Varoma geben. 600 g Wasser in den Mixtopf füllen, verschließen, Varoma aufsetzen und Spargel **15-18 Min./Varoma/Stufe 1** bissfest garen.

In der Zwischenzeit Nudeln in reichlich Salzwasser bissfest garen.
Nach Garzeitende Varoma zur Seite stellen, Garflüssigkeit weggießen.

Knoblauch, Zwiebel und Tomaten im Mixtopf **5 Sek./Stufe 5** zerkleinern. Öl zugeben und **3 Min./100°C/Stufe 1** dünsten. Wasser, Essig und Gewürze zugeben und **10 Sek./Stufe 3** vermengen (Ggf. nochmals nachwürzen, die Soße sollte pikant sein!).

Tomatensoße, Nudeln, Spargel und Rucola in einer Schüssel vermengen und mit Parmesanspänen bestreut servieren.

Pro Portion: 426 kcal | 54 g KH | 17 g EW | 15 g Fett

20 Stück

Kräuter-Knoblauch-PANINI

Aus dem Heft

Zutaten

2 Knoblauchzehen
1 Handvoll Kräuter
½ Würfel frische Hefe
100 g Milch, 1,5%
1 TL Salz
20 g Butter
100 g Wasser
400 g Weizenmehl, Type 405

Tipp: Wenn die Panini aus dem Ofen kommen, mit flüssiger Kräuterbutter bepinseln.

Zubereitung

Knoblauch und Kräuter im Mixtopf **5 Sek./Stufe 7** zerkleinern. Hefe, Milch, Salz, Butter und Wasser **2 Min./37°C/Stufe 2** erwärmen. Mehl zugeben und **1 Min./Teigstufe** kneten.

Aus dem Teig kleine Bällchen formen und abgedeckt ca. 20-30 Min. gehen lassen. Im vorgeheizten Backofen bei 200°C Ober-/Unterhitze ca. 15-18 Min. backen.

Pro Stück: 80 kcal | 15 g KH | 2 g EW | 1 g Fett

Avocado-Garnelen-Komposition

6 Gläser (200 ml)

Aus dem Heft

Für die Creme

1 Knoblauchzehe
1 Avocado, geschält, entkernt, in Stücken (200 g)
1 EL Limettensaft
150 g Crème fraîche
20 g Sahne
1 Msp. Chilipulver
1 Msp. Pfeffer, gem.
1 Prise Salz

Variante: Wer keine Garnelen mag, kann auch Lachswürfel anbraten.

Für das Topping

100 g Garnelen
etwas Öl
100 g Cocktailtomaten
1 EL Rotweinessig
etwas Salz & Pfeffer
etwas Petersilie & Schnittlauch, gehackt zur Deko

Zubereitung

Knoblauch im Mixtopf **6 Sek./Stufe 5** zerkleinern. Restliche Zutaten hinzufügen und **10 Sek./Stufe 6** vermengen. Creme auf 6 kleine Gläser verteilen.

Garnelen in einer Pfanne mit etwas Öl anbraten. Cocktailtomaten in kleine Würfel schneiden und mit Essig, Salz und Pfeffer marinieren. Tomaten auf der Avocadocreme verteilen. Garnelen auf kleine Holzspieße aufspießen und in die Gläser stecken. Mit Kräutern bestreut servieren.

Pro Glas: 199 kcal | 2 g KH | 5 g EW | 19 g Fett

ZITRONEN-TIRAMISU

6 Portionen

Zutaten

2 Eier
100 g Zucker
500 g Mascarpone (z.B. von Galbani)
100 g Ricotta
200 g Zitronenlikör (Limoncello)
3 Bio-Zitronen
300 g Löffelbiskuitstangen

Zubereitung

Eier trennen. **Rühraufsatz einsetzen** und Eiweiß **1-2 Min./60°C/Stufe 4** steif schlagen. Umfüllen.

Eigelb und Zucker mithilfe des Rühraufsatzes **2 Min./60°C/Stufe 4** cremig rühren. Rühraufsatz entfernen.

Mascarpone und Ricotta zugeben und **30 Sek./Stufe 4** vermengen. Eischnee zugeben und **10 Sek./Stufe 5** unterheben. Saft von 2 Zitronen auspressen und mit Zitronenlikör in einer Schüssel mischen. Die Löffelbiskuitstangen darin tränken. Diese im Wechsel mit Mascarponecreme in eine Auflaufform schichten.

1 Zitrone in Scheiben schneiden und das Tiramisu damit belegen. Ggf. mit Minzblättern verzieren.

Pro Portion: 807 kcal | 67 g KH | 14 g EW | 49 g Fett

HIMBEER-MELONEN-SMOOTHIE

2 Gläser

Zutaten

330 g Wassermelone
130 g Himbeeren
1-2 TL Limettensaft

Zubereitung

Melone schälen, Kerne entfernen und Fruchtfleisch in den Mixtopf geben. Restliche Zutaten zugeben und **40 Sek./Stufe 10** mixen.

Pro Glas: 90 kcal | 18 g KH | 2 g EW | < 1 g Fett

Aus dem Heft

3 Gläser

SCHOKO-BANANEN-SHAKE

Zutaten

30 g Zartbitterschokolade (70% Kakao)
400 g Milch, 1,5%
200 g Bananen

Zubereitung

Schokolade in Stücken in den Mixtopf geben und **10 Sek./Stufe 7** zerkleinern. Milch zugeben und **3 Min./50°C/Stufe 2** schmelzen. Restliche Zutaten zugeben und **20 Sek./Stufe 10** mixen. Vor dem Servieren ca. 30 Min. in den Kühlschrank stellen.

Pro Glas: 133 kcal | 25 g KH | 7 g EW | 4 g Fett

8-10 Stück

PIZZATOAST

"BISTRO"

Zutaten

100 g Schinken, in Scheiben
80 g Salami, in Scheiben
100 g Kräuterschmelzkäse
100 g Sahne
100 g Käse, in Stücken (z. B. Gouda o. Emmentaler)
1 TL Pizzagewürz
etwas Salz & Pfeffer

Außerdem:
8-10 Toastscheiben

Zubereitung

Backofen auf 200°C Ober-/Unterhitze vorheizen.

Schinken- und Salamischeiben rollen und zwischen das Mixtopfmesser stellen. Restliche Zutaten zugeben und **5 Sek./Stufe 5** zerkleinern.

Masse auf den 8-10 Toastscheiben verteilen und im vorgeheizten Backofen bei 200°C Ober-/Unterhitze ca. 10-15 Min. backen.

Pro Toast (bei 10):
189 kcal | 13 g KH | 11 g EW | 10 g Fett

Aus dem Heft

Der Hit auf jedem Kindergeburtstag! Wer die Scheiben halbiert, erhält bis zu 20 kleine Snacks.

5-Sek.-Brötchen

ZAUBERFORMEL

Entwerft Euer eigenes 5-Sek.-Brötchen!

150 g Gemüse

- Paprika
- Tomaten
- Champignons
- Brokkoli
- Zucchini
- Frühlingszwiebel
- Rucola

Bei vegetarischen Brötchen bis **400 g**

120 g Milchprodukte

- Mascarpone
- Sauerrahm
- Crème fraîche
- Sahne
- Frischkäse
- Schmand

230 g Fleisch oder Fisch

- Salami
- Schinken
- Speckwürfel
- Lachs
- Hackfleisch
- Thunfisch

SO GEHT'S

Alle Zutaten im Mixtopf 5 Sek./Stufe 5 zerkleinern. Den Belag auf Baguette, Brötchen, Toast, Toasties oder Hefeteig geben. Dann geht's für ca. 10-15 Min. bei 200 Grad Ober-/Unterhitze in den Backofen.

150 g Käse

- Emmentaler
- Gouda
- Camembert
- Bergkäse
- Mozzarella
- Fetakäse
- Gorgonzola
- Schmelzkäse

+ GEWÜRZE nach Belieben!

- Salz & Pfeffer
- Röstzwiebeln
- Tomatenmark
- Knoblauch
- Zwiebel
- Paprikapulver

4 Portionen

ZUCCHINIKUCHEN
mit Tomatensalat

Für den Kuchen

100 g	Parmesan, in Stücken
1 Handvoll Minze	
30 g	Olivenöl
500 g	Zucchini, in Stücken
2 EL	Mandelmehl
250 g	Ricotta
4	Eier
1 TL	Salz
¼ TL	Pfeffer, gem.

Für den Tomatensalat

1 kg	Tomaten
1	Schalotte, halbiert
1	Knoblauchzehe
40 g	Balsamicoessig, dunkel
20 g	Olivenöl
20 g	Senf
10 g	Tomatenmark
etwas	Salz & Pfeffer

Zubereitung

Parmesan und Minze in den Mixtopf geben und **6 Sek./Stufe 9** reiben. Zucchini hinzufügen und **5 Sek./Stufe 5** zerkleinern. 20 g Olivenöl zugeben und **10 Min./70°C/ ↺ / Stufe 1** garen. Masse in ein Sieb oder in das Garkörbchen geben, gut ausdrücken und wieder in den Mixtopf umfüllen.

Eine Tarteform (ø 26 cm) mit 10 g Olivenöl ausstreichen und gleichmäßig mit dem Mandelmehl ausstreuen. Backofen auf 180°C Ober-/Unterhitze vorheizen. Restliche Zutaten in den Mixtopf geben und **10 Sek./ ↺ /Stufe 4** vermengen. Die Masse in die Tarteform füllen und glatt streichen.

Den Zucchinikuchen im vorgeheizten Backofen ca. 30 Min. backen, weitere 5 Min. mit Grillfunktion bzw. Oberhitze leicht goldbraun backen.

Für den Tomatensalat die Tomaten entkernen und in Stücke oder Scheiben schneiden. In eine Schüssel geben. Achtung: Kerne auffangen und in den Mixtopf geben! Restliche Zutaten für den Salat zugeben und **5 Sek./Stufe 5** mixen. Dressing mit den Tomaten vermischen. Den fertigen Zucchinikuchen in Quader oder Rauten schneiden und mit dem Salat servieren.

Pro Portion: 428 kcal | 14 g KH | 30 g EW | 28 g Fett

TIPP

Falls Ihr keine frische Minze habt, schmeckt der Zucchinikuchen auch mit einer Mischung aus Thymian und Petersilie.

Aus dem Buch

Ruhezeit: ca. 1 Std.

Backzeit: ca. 12 - 15 Min.

Backtemperatur:
160°C (Umluft: 140°C)

LOW CARB

SPITZBUBEN

Zutaten

80 g	pulverisiertes Erythrit
100 g	Butter, in Stücken
1	Ei (Gr. L)
1 TL	Weinstein-Backpulver
1 TL	Vanille-Extrakt
½ TL	Salz
120 g	blanchierte Mandeln, gem.
120 g	Mandelmehl, entölt

Für die Füllung:
Low Carb Konfitüre (z. B. von Sukrin)

Außerdem
etwas pulverisiertes
Erythrit zum Bestäuben

28 Stück

Aus dem Heft

Zubereitung

Alle Zutaten von Erythrit bis Salz in den Mixtopf geben und **1 Min./37°C/Stufe 1** vermengen.

Nun die restlichen Zutaten zugeben und **25 Sek./Stufe 3** zu einem Teig verkneten. Teig in Frischhaltefolie wickeln und für ca. 1 Std. in den Kühlschrank stellen.

Den Teig portionsweise zwischen zwei Lagen Frischhaltefolie dünn ausrollen und Blumen oder Herzen ausstechen. Die Hälfte davon mit Locheinsatz (oder mit einem Apfelausstecher) ausstechen. Plätzchen auf ein mit Backpapier belegtes Backblech setzen und im vorgeheizten Backofen bei 160°C Ober-/Unterhitze ca. 12-15 Min. backen.

Nach dem Abkühlen die Plätzchen ohne Loch mit leicht angewärmter Konfitüre bestreichen. Die Plätzchen mit Loch mit etwas pulverisiertem Erythrit bestäuben und auf die Marmelade setzen.

Natürlich könnt Ihr anstelle von Erythrit auch Puderzucker verwenden und Konfitüre nach Wahl.

Pro Stück: 72 kcal | 1 g KH | 3 g EW | 6 g Fett

AMARANTHOS

mit Blumenkohl-Tomaten-Gemüse

Für die Amaranthos

180 g rote Linsen
80 g roher Amaranth
500 g Wasser
1 Kartoffel
10 g Petersilie
1 Zwiebel (halbiert)
90 g Semmelbrösel
etwas Salz & Pfeffer
½ TL Ras-el-Hanout
2 EL Rapsöl zum Braten
ggf. schwarze Oliven

Zubereitung

Linsen, Amaranth und Wasser in den Mixtopf geben. Die Kartoffel schälen und in Stücke schneiden. In den Gareinsatz geben, einhängen und verschließen. **20 Min./100°C/↺/Stufe 1** kochen. Anschließend Linsen und Amaranth in ein Sieb geben und das evtl. überschüssige Wasser absieben.

Alles wieder zurück in den Mixtopf geben. Restliche Zutaten für die Amaranthos hinzufügen und **25 Sek./Stufe 4** vermengen. Masse in eine Schüssel umfüllen und 10 Min. quellen lassen. Mixtopf gut spülen. Während der Quellzeit das Gemüse im Varoma kochen.

Aus der Masse mit leicht feuchten Händen ca. 15 Küchlein formen. Tipp: Falls die Masse zu weich ist, noch ein paar Semmelbrösel zufügen. In einer beschichteten Pfanne ausbacken.

4 Portionen

Für den Avocado-Hummus

2	Knoblauchzehen
1 Dose	Kichererbsen (Abtr.gew. 400 g)
1 EL	Olivenöl
75 g	Tahin (Sesammus)
½	kl. Avocado
3 EL	Zitronensaft
etwas	Salz
150 g	Wasser

Zubereitung

Knoblauchzehen in den Mixtopf geben und **5 Sek./Stufe 5** zerkleinern.

Alle weiteren Zutaten für den Avocado-Hummus (außer Wasser) in den Mixtopf geben und **25 Sek./Stufe 5** zu einer Creme pürieren. Zwischendurch mit dem Spatel nach unten schieben. Wasser nach und nach bis zur gewünschten Konsistenz dazugeben und pürieren.

Aus dem Buch

In Amaranth steckt besonders viel Eiweiß, Calcium sowie Magnesium und Eisen.

Für das Blumenkohl-Tomaten-Gemüse

1 Handvoll Petersilie

1	Knoblauchzehe
2 EL	Olivenöl
2 EL	Balsamicoessig, weiß
etwas	Salz & Pfeffer
700 g	Wasser
300 g	Blumenkohl
250 g	Cocktailtomaten

Zubereitung

Petersilie und Knoblauch in den Mixtopf geben und **5 Sek./Stufe 6** zerkleinern. Evtl. nochmal mit dem Spatel Richtung Topfboden schieben und wiederholen. Olivenöl, Essig, Salz und Pfeffer zufügen und **4 Sek./Stufe 3** zu einem Dressing verrühren. Umfüllen. Mixtopf mit Wasser ausschwenken.

700 g Wasser in den Mixtopf füllen, Blumenkohl (in Röschen) in den Varoma geben und **20 Min./Varoma/Stufe 1** garen. Tomaten zugeben und weitere **5 Min./Varoma/Stufe 1** einstellen. Das Gemüse in eine Schale geben und mit dem angerührten Dressing vermengen.

Pro Portion: 640 kcal | 73 g KH | 28 g EW | 25 g Fett

1 Portion

VANILLE-BEEREN-OAT

Aus dem Heft

Zutaten

50 g	Heidelbeeren
50 g	Himbeeren
1 EL	Chia-Samen
1 EL	Wasser
120 g	Soja-Joghurt, Vanille
3 EL	Haferflocken

Auch lecker mit Erdbeeren und Mango! Vanillejoghurt könnt Ihr auch durch Kokosjoghurt ersetzen.

Zubereitung

Heidelbeeren, Himbeeren, Chia-Samen und Wasser im Mixtopf **20 Sek./Stufe 3** verrühren. In eine Tasse umfüllen und 20 Min. quellen lassen.

Nun in ein kleines Glas schichten: zuerst den Vanillejoghurt, dann die Haferflocken und zum Schluss die Beeren-Chia-Mischung. Über Nacht in den Kühlschrank stellen und am nächsten Tag genießen!

Pro Portion: 271 kcal | 35 g KH | 11 g EW | 9 g Fett

Keimung nach 3 Tagen

CHIA-SPROSSEN

In einer kleinen Schale mit feuchter Watte lassen sich aus den Samen Chia-Sprossen ziehen.

Sprossen nach 5 Tagen

Sprossen eignen sich zum Verfeinern von Salat, Aufstrichen oder grünen Smoothies!

CHIA ALS EI-ERSATZ

Die geleeartige Masse gleicht von der Konsistenz her einem Ei.

Chia-Samen eignen sich auch ideal als Ei-Ersatz!

Hierzu werden zuerst 4 EL Chia-Samen (40 g) im Mixtopf **20 Sek./Stufe 10** zu Chia-Mehl gemahlen. Diese Menge ergibt dann 7 EL gemahlene Chia-Samen (also für 7 Eier).

Hier die Formel:
1 EL gem. Chia-Samen + 3 EL Wasser = 1 Ei

Das Chia-Mehl könnt Ihr kühl und dunkel gelagert mehrere Monate aufbewahren.

Knusprige

LAUGEN-CROISSANTS

Aus dem Kalender

Diese Croissants sind etwas aufwendiger, aber der Geschmack entschädigt!

12 Stück

Für den Teig

170 g Wasser, lauwarm
½ Würfel frische Hefe
½ TL brauner Zucker
300 g Weizenmehl, Type 1050
1 TL Salz
1 EL Butter

TIPP
Auch kleine Wiener Würstchen könnt Ihr in den Teig mit einrollen.

Weitere Zutaten

1 Rolle Blätterteig (275 g)
2 EL Sesamsamen
30 g Natron

Zubereitung

Teigzutaten in den Mixtopf geben und **2 Min./Teigstufe** kneten. Teig aus dem Mixtopf nehmen und abgedeckt an einem warmen Ort ca. 30 Min. gehen lassen.

Teig auf einer leicht bemehlten Arbeitsfläche auf die Größe des Blätterteigs ausrollen. Blätterteig entrollen und auf den Teig legen. Mit den Händen leicht andrücken.
Nun das Teigrechteck zusammenfalten, sodass ein Quadrat entsteht. Wieder zum Rechteck ausrollen und nochmal falten. Vorgang ca. 3x wiederholen.

Teig nun zu einem großen Kreis ausrollen und (wie einen Kuchen) in 12 Dreiecke schneiden. Von der breiten Seite beginnend zu Hörnchen aufrollen. Hörnchen erneut ca. 20 Min. gehen lassen. Backblech mit Backpapier belegen und mit etwas Mehl bestäuben.

Für die Natronlauge 1,5 Liter Wasser in einem Topf sprudelnd aufkochen. Natron zugeben und Temperatur etwas zurückstellen. Die Teighörnchen je 45 Sek. in der Natronlauge baden. Mit einer Schaumkelle herausnehmen und auf das Backblech setzen.
Mit Sesam bestreuen. Croissants im vorgeheizten Backofen bei 180°C (Umluft: 160°C) ca. 25 Min. goldbraun backen.

Pro Stück: 202 kcal | 24 g KH | 5 g EW | 10 g Fett

3 Portionen

NUDEL-SCHINKEN-GRATIN

Zutaten

250 g	Nudeln (Tortiglioni)
200 g	Kochschinken
100 g	Käse (z. B. Gouda)

Für die Soße

1	kl. Zwiebel, halbiert (40-50 g)
1	Knoblauchzehe
1 EL	Olivenöl
1 TL	Tomatenmark
50 g	Sahneschmelzkäse
¼ TL	Pfeffer, gem.
1 gestr.	TL Salz
½ TL	Zucker
200 g	Sahne
500 g	Wasser
2 EL	Speisestärke
1 Msp.	Muskat, gem.
½ TL	Paprikapulver, rosenscharf
1 EL	Schnittlauch, in Röllchen (frisch o. TK)

Auflaufform:
22 x 16 cm, 5 cm hoch

Bestseller NR. 1

Zubereitung

Ungekochte Nudeln in eine Auflaufform geben. Schinken klein würfeln und mit den Nudeln vermengen. Käse in Stücken in den Mixtopf geben und **15 Sek./Stufe 5** reiben. Umfüllen. Backofen auf 200°C Ober-/Unterhitze (Umluft 180°C) vorheizen.

Zwiebel und Knoblauch im Mixtopf **5 Sek./Stufe 5** zerkleinern. Mit dem Spatel vom Mixtopfrand Richtung Topfboden schieben. Öl zugeben und **2 Min./120°C/Stufe 1** dünsten. Restliche Zutaten für die Soße zugeben und **6 Min./100°C/Stufe 3** aufkochen.

Soße über die Nudeln gießen, mit Käse bestreuen und im vorgeheizten Backofen ca. 35-40 Min. backen.

EURE NR. 1

Dieses Rezept ist tatsächlich DAS BELIEBTESTE MIXGENUSS REZEPT!

VEGGIE VARIANTE

Das Nudelgratin könnt Ihr beliebig abwandeln. Zum Beispiel anstelle von Kochschinken einfach Brokkoli verwenden und zum Überbacken noch Fetawürfel darübergeben.

Pro Portion: 795 kcal | 64 g KH | 37 g EW | 43 g Fett

KÄSE REIBEN

Nie wieder geriebenen Käse kaufen, denn mit dem Thermomix könnt Ihr wunderbar Käse selbst reiben. Einfach Käse am Stück in den Mixtopf geben, folgendes muss beachtet werden:

Weiche Käsesorten wie **z. B. Gouda und Emmentaler** im Mixtopf immer auf **Stufe 5** reiben.
etwas gröber -> 8-10 Sekunden
feiner -> 15 Sekunden

Hartkäse wie **z. B. Parmesan** auf **Stufe 7-8** reiben.
Je nach "Härte" ca. 10 Sekunden.
Habt Ihr sehr harten Parmesan, dann kann dieser auch auf **Stufe 10** gerieben werden.
Achtung: LAUT! Aber der Thermomix schafft das!

TIPP

Damit der Käse nicht zusammenklebt, hilft Speisestärke. Auf 250 g geriebenen Käse 1 EL Stärke zugeben und **5 Sek./Stufe 3** mischen.

MIXTOPF REINIGEN

Wohin mit dem Mixtopfmesser im Geschirrspüler?
Das hat sich bestimmt schon jeder gefragt.
Hier eine ganz einfache Lösung: In das Loch vom umgedrehten Mixtopf stecken. Genial einfach und einfach genial!

Etwas angebrannt?
Es kann schon mal vorkommen, dass etwas leicht im Mixtopf anbrennt. Hier haben wir einen Tipp für Euch, wie Ihr die Brandspuren beseitigt:
Kocht ca. 300 g Wasser im Thermomix auf und gebt etwas Zitronensäure hinzu. Nach 15 Minuten sollten sich die Reste gelöst haben und Ihr könnt den Topf ausspülen.

Hartnäckige Verschmutzungen
Bei hartnäckigen Verschmutzungen könnt Ihr 500 g Wasser und einen halben Spülmaschinen-Tap in den Mixtopf geben. Das Ganze dann **15 Min./Varoma/Stufe 1** erhitzen. Ca. 1 Std. abkühlen lassen. Nun **6 Min./80°C/Stufe 4** spülen. Danach gut nachspülen.

TIPP

Eine Reinigungsbürste zum Schrubben verwenden! Die "Klobürste", wie sie von vielen genannt wird, eignet sich perfekt dazu.

SPAGHETTISALAT

mit Currydressing

TIPP

Hähnchenfleisch in Streifen schneiden, mit Sojasauce ca. 1 Std. marinieren und in einer Pfanne braten. Unter den Salat mischen.

8 Portionen

Zutaten

500 g	Spaghetti
1	Paprika-Mix (500 g) (rot, grün, gelb)
1 Bd.	Frühlingszwiebeln (100 g)

Für das Dressing

70 g	Sojasauce, dunkel
70 g	Öl
60 g	Zucker
2 EL	Currypulver
1	Zitrone, Saft davon
1 EL	Balsamicoessig, hell
etwas	Pfeffer, frisch gem.

Aus dem Heft

Ihr könnt auch Hackbällchen zum Spaghettisalat servieren. Auch ein toller Salat als Grillbeilage!

#1 Partysalat

Zubereitung

Spaghetti (wahlweise in der Mitte gebrochen) in reichlich Salzwasser al dente kochen. Danach mit kaltem Wasser abschrecken und in eine Schüssel geben.

Paprika in dünne Streifen schneiden oder hobeln. In den Varoma geben. 500 g Wasser in den Mixtopf füllen, Varoma mit Paprika aufsetzen und **15 Min./Varoma/Stufe 1** dünsten.

Frühlingszwiebeln in Ringe schneiden und zusammen mit den gegarten Paprikastreifen zu den Nudeln geben. Mixtopf leeren und spülen.

Zutaten für das Dressing **10 Sek./Stufe 6** mixen und über den Salat geben. Gut durchmischen und mind. 30 Min. ziehen lassen. Hinweis: Danach Mixtopfdeckel sofort kalt spülen, da sich dieser wegen des Currypulvers gelblich verfärben kann!

Pro Portion: 307 kcal | 46 g KH | 8 g EW | 10 g Fett

4 Portionen

Maisblinis

mit Räucherlachs

Aus dem Heft

Zutaten

1 Dose Mais (Abtr.gew. 285 g)
1 gr. Handvoll gemischte Kräuter (z. B. Dill, Petersilie, Schnittlauch)
150 g Dinkelmehl, Type 1050
2 TL Backpulver
80 g Milch, 1,5%
2 Eier
100 g Frischkäse, fettarm
1 TL Kräutersalz
etwas Pfeffer, frisch gem.

Außerdem
3-5 EL Rapsöl zum Ausbacken
150 g Räucherlachs
etwas Sauerrahm

Mit Räucherlachs und einem Klecks Sauerrahm genießen.

Das Rezept eignet sich auch super für einen Brunch!

Zubereitung

Mais in ein Sieb geben, kurz abbrausen und abtropfen lassen.

Kräuter in den Mixtopf geben und **3 Sek./Stufe 4** hacken. Alles mithilfe des Spatels Richtung Topfboden schieben und wiederholen. Restliche Zutaten für die Maisblinis dazugeben und **15 Sek./Stufe 3-4** vermengen.

Eine Pfanne mit Öl erhitzen, ca. 1 EL Teig pro Blini (es werden 16 Stück) hineingeben und auf mittlerer Temperatur ca. 5-7 Min. goldbraun braten. Anschließend auf einem Küchenkrepp abkühlen lassen und mit Lachs und Sauerrahm in die Box schichten.

Pro Portion: 439 kcal | 36 g KH | 23 g EW | 22 g Fett

Gefüllter Hefezopf

1 Hefezopf

Aus dem Heft

Zutaten

400 g	Weizenmehl, Type 405
1	Ei
1 Würfel frische Hefe	
75 g	Butter
1 TL	Zucker
1 TL	Salz
200 g	Milch, 1,5%
200 g	Früchtemüsli-Mischung

Zum Garnieren

1	verquirltes Ei
2 EL	gehackte Mandeln

Zubereitung

Alle Zutaten (außer Müsli) in den Mixtopf geben und **2 Min./Teigstufe** zu einem Teig verkneten. Den Teig im Mixtopf ½ Std. gehen lassen.

Früchtemüsli einwiegen und erneut **1:30 Min./Teigstufe** erneut kneten.

Teig in drei gleich große Stücke teilen und jedes zu einem Strang ausrollen. Die drei Stränge zu einem Zopf flechten. Mit dem Ei bestreichen und mit Mandeln bestreuen. Im vorgeheizten Backofen bei 180°C Ober-/Unterhitze 30-35 Min. backen.

Mit Früchtemüsli gefüllt! Wer möchte, kann auch anderes Müsli verwenden.

Pro Scheibe: 147 kcal | 20 g KH | 5 g EW | 5 g Fett

Buntes VAROMA-GYROS mit Tzatziki

Aus dem Buch

Ein sehr beliebtes All-in-One-Gericht von uns, da es sich sozusagen von selbst kocht.

3 Portionen

Zutaten

2	Schweineschnitzel (à 150 g)
3 TL	Gyrosgewürz
2 TL	Paprikapulver, rosenscharf
1 TL	Öl
180 g	Schafskäse/Feta 25 % Fett i. Tr. (9 % Fett absolut)
½	Spitzkohl
1	rote Paprika
100 g	Langkornreis, parboiled
1 TL	Gemüsebrühpulver
1.200 g	Wasser, lauwarm
2	Romatomaten
1	Zwiebel

Für das Tzatziki

1	Knoblauchzehe
¼	Salatgurke
etwas	Salz & weißer Pfeffer, gem.
1 EL	Schnittlauchröllchen
¼ TL	Paprikapulver, rosenscharf
300 g	Naturjoghurt, bis 1,8 % Fett

Zubereitung

Schweineschnitzel in dünne Streifen schneiden und mit Gyrosgewürz, Paprikapulver und Öl vermengen (kann auch über Nacht marinieren). Nun das Tzatziki zubereiten. Knoblauch im Mixtopf **5 Sek./Stufe 6** zerkleinern. Von der Salatgurke die Kerne herausschneiden und Gurke in Stücken mit in den Mixtopf geben. Salz, weißen Pfeffer, Schnittlauchröllchen und Paprikapulver zugeben und **4-5 Sek./Stufe 4** mixen. Joghurt zugeben und **10 Sek./⟲/Stufe 3** vermengen. Umfüllen und kalt stellen. Mixtopf spülen.

Feta in Würfel schneiden und zusammen mit dem Fleisch auf dem Einlegeboden verteilen. Fleisch nicht aufeinanderlegen, damit es gleichmäßig durchgart. Spitzkohl und Paprika in dünne Streifen schneiden und unten in den Varoma geben. Bitte darauf achten, dass ausreichend Schlitze in der Mitte frei bleiben. Einlegeboden einsetzen.
Gareinsatz in den Mixtopf einsetzen. Reis einwiegen, Gemüsebrühpulver daraufgeben und mit Wasser übergießen. Varoma aufsetzen und das Ganze **30 Min./Varoma/Stufe 1** garen. In der Zwischenzeit Tomaten und Zwiebel in dünne Scheiben schneiden.

Nach Garzeitende Reis mit Spitzkohl und Paprika mischen und zusammen mit dem Gyros, den Tomaten und Zwiebelringen servieren. Wer möchte, kann noch mit etwas Paprikapulver nachwürzen. Dazu wird das Tzatziki serviert.

Pro Portion: 451 kcal | 40 g KH | 43 g EW | 12 g Fett

2 Portionen

SURF & TURF PAELLA
mit Lachs

Aus dem Buch

Zutaten

125 g Lachs
100 g Serranoschinken (altern. Parmaschinken)
400 g Blumenkohl, in Stücken
100 g Paprika, in Stücken
40 g Kalamata-Oliven, entsteint
1 Zwiebel, halbiert
2 Knoblauchzehen

10 g Butter
20 g Tomatenmark
½ Döschen Safran
1 TL Meersalz
40 g Wasser

1 EL Olivenöl zum Anbraten
etwas Petersilie, frisch gehackt

Um Kohlenhydrate zu reduzieren, wurde kein Paella-Reis verwendet, sondern Blumenkohl und Paprika zu Reis zerkleinert.

Zubereitung

Lachs waschen, trocken tupfen und mit dem Schinken umwickeln. Blumenkohl im Mixtopf **5 Sek./Stufe 4.5** auf Reiskorngröße zerkleinern. Umfüllen. Paprika in den Mixtopf geben, **3 Sek./Stufe 5** zerkleinern und zum Blumenkohl geben. Oliven hacken.

Zwiebel und Knoblauch in den Mixtopf geben und **5 Sek./Stufe 5** zerkleinern. Mit dem Spatel alles vom Mixtopfrand nach unten schieben. Butter, Tomatenmark und Safran dazugeben und **3 Min./100°C/Stufe 2** dünsten.

Blumenkohl-Paprika-Reis, Oliven, Salz und Wasser in den Mixtopf zugeben und **8 Min./100°C/ ↺ /Stufe 1** garen. Zwischenzeitlich eine Pfanne mit Olivenöl erhitzen und den umwickelten Lachs auf mittlerer Stufe braten.

Blumenkohlreis abschmecken, gebratenen Lachs darauf geben und mit etwas Petersilie garnieren.

Pro Portion: 502 kcal | 12 g KH | 35 g EW | 33 g Fett

NUDELGRATIN

fix gemixt

Gerade, wenn es mal wieder schnell gehen muss, ist dieses Nudelgratin perfekt!

6 Portionen

Zutaten

500 g	kleine Nudeln, Kochzeit 6 Min.
4	Eier, hart gekocht
200 g	Erbsen, TK
250 g	Gouda, jung

KÄSE REIBEN

Käse lässt sich im Thermomix prima reiben. Was Ihr dabei beachten müsst, findet Ihr auf Seite 72.

Für die Soße

1	Knoblauchzehe
1 EL	Öl
500 g	Pizza/Pastasauce
800 g	Wasser, lauwarm
200 g	Schmand
50 g	Sahne
100 g	Tomatenmark
2 TL	Zucker
2 TL	Salz
¾ TL	Pfeffer, gem.
2 EL	Pizzagewürz

Zubereitung

Backofen auf 180°C Ober-/Unterhitze vorheizen. Nudeln in eine große Auflaufform geben. Eier schälen, würfeln und zusammen mit den Erbsen untermischen.

FÜR DIE SOSSE:

Knoblauch im Mixtopf **5 Sek./Stufe 5** zerkleinern. Mit dem Spatel nach unten schieben. Öl zugeben und **1 Min./Varoma/Stufe 1** dünsten.

Restliche Zutaten zugeben und **10 Sek./Stufe 4** mixen. Danach **8 Min./80°C/Stufe 2** erhitzen. Soße über die Nudeln gießen, vermengen und mit geriebenem Käse bestreuen. Im vorgeheizten Backofen ca. 30 Min. backen.

Pro Portion: 611 kcal | 55 g KH | 14 g EW | 37 g Fett

MANDELGRIESS

mit Punschzwetschgen

8 Gläser

Für den Grieß

150 g	Mandeln
375 g	Milch, 1,5%
2 TL	Vanillezucker
40 g	Zucker
60 g	Grieß
200 g	Schlagsahne

Für die Zwetschgen

150 g	Glühwein*
30 g	brauner Zucker
1 TL	Speisestärke
250 g	Zwetschgen, TK

* alkoholfreie Variante: Kinderpunsch

Zubereitung

Mandeln im Mixtopf **10 Sek./Stufe 10** mahlen. Umfüllen. Milch, Vanillezucker, Zucker in den Mixtopf geben und **5 Min./100°C/Stufe 1** aufkochen.

Mandeln und Grieß zugeben und **4 Min./90°C/↺/Stufe 2** ohne Messbecher garen. Anschließend 5 Min. quellen lassen. In eine Schüssel umfüllen und abkühlen lassen. Mixtopf spülen.

Rühraufsatz einsetzen. Sahne auf **Stufe 3** steif schlagen. Rühraufsatz entfernen. Sahne zum erkalteten Grieß geben und unterheben. Auf die Gläser verteilen und kalt stellen. Mixtopf spülen.

Glühwein, Zucker und Stärke in den Mixtopf geben und **7 Min./90°C/Stufe 2** aufkochen. Gefrorene Zwetschgen zugeben und weitere **6 Min./90°C/↺/Stufe 1** aufkochen. Abkühlen lassen, auf den Mandelgrieß geben und servieren.

Aus dem Heft

Weihnachtlicher Genuss im Glas, in diesem Rezeptheft findet Ihr super leckere Desserts für den Winter.

Pro Glas: 315 kcal | 25 g KH | 8 g EW | 19 g Fett

8 Stück

Pflaumentaler

Für den Teig

125 g	Milch, 1,5%
75 g	Zucker
½ P.	Trockenhefe oder
	¼ Würfel frische Hefe
250 g	Weizenmehl,
	Type 550
1 Prise	Salz
60 g	weiche Butter

Für den Belag

700 g	Pflaumen
200 g	Mascarpone
80 g	Crème fraîche
1 TL	Vanillezucker
etwas	Puderzucker

Für die Streusel

100 g	kalte Butter
160 g	Weizenmehl,
	Type 550
100 g	Zucker
30 g	Haselnüsse, gehackt
¼TL	Zimt
¼ TL	Vanillepulver

Aus dem Heft

Zubereitung

Milch, Zucker und Hefe in den Mixtopf geben und **3 Min./37°C/Stufe 2** erwärmen. 5 Min. ruhen lassen. Restliche Teigzutaten zufügen, **5 Min./Teigstufe** kneten, in eine Schüssel umfüllen und abgedeckt 30 Min. ruhen lassen. Backofen auf 200°C Ober-/Unterhitze vorheizen.

In der Zwischenzeit die Pflaumen waschen, entkernen und vierteln. Alle Zutaten für die Streusel in den Mixtopf geben und **20 Sek./Stufe 5** verarbeiten. Kalt stellen.

Mascarpone, Crème fraîche und Vanillezucker in den Mixtopf geben und **30 Sek./Stufe 3** cremig rühren.

Teig auf eine bemehlte Arbeitsfläche geben, in 8 gleich große Portionen aufteilen. Zu runden Talern (Ø ca. 13 cm) ausrollen und auf ein mit Backpapier ausgelegtes Backblech geben. Creme auf die Taler streichen, mit den Pflaumen und Streuseln gut belegen und abgedeckt nochmal 30 Min. ruhen lassen. Im vorgeheizten Backofen ca. 25 Min. goldbraun backen. Die abgekühlten Pflaumentaler mit Puderzucker bestäuben.

Pro Taler: 629 kcal | 73 g KH | 9 g EW | 33 g Fett

Geschnetzeltes

TOSKANA

TIPP
Rezept kann verdoppelt werden.

Hierzu passen Gnocchi, Kartoffeln, Baguette oder ein gemischter Salat!

2 Portionen

Aus dem Heft

Zutaten

250 g Schweinegeschnetzeltes
etwas Salz & Pfeffer
etwas Öl zum Anbraten
100 g Cocktailtomaten
150 g Champignons, braun

Für die Soße

1 EL Rosmarinnadeln, frisch
1 Knoblauchzehe
1 kl. Handvoll Petersilie
60 g rote Zwiebel, halbiert
40 g Tomatenmark
225 g Wasser
1 gestr. EL Speisestärke
1 TL Gemüsebrühpulver
½ TL Kurkuma, gem.
½ TL Paprikapulver, rosenscharf
1 TL Salz
¼ TL Pfeffer, gem.
1 TL Thymian, getr.
1 Spritzer Zitronensaft

Vegetarische Variante:
Statt Fleisch gebt Ihr einfach gekochte Pasta mit in die Pfanne.

VARIANTE MIT ZUCCHINI
Die Champignons ersetzt Ihr durch Zucchini. Gebt noch 100 g Sahne mit den Tomaten zum Geschnetzelten in die Pfanne.

Zubereitung

Für die Soße Rosmarinnadeln, Knoblauch und Petersilie im Mixtopf **2x 2 Sek./Turbo** zerkleinern. Zwiebel zugeben und **5 Sek./Stufe 5** zerkleinern. Restliche Zutaten für die Soße hinzufügen und **4 Min./80°C/Stufe 2** erhitzen.

Fleisch mit etwas Salz und Pfeffer würzen und in einer Pfanne mit heißem Öl anbraten. In der Zwischenzeit Cocktailtomaten halbieren und Champignons in Scheiben schneiden. Wenn das Fleisch angebraten ist, Pilze zugeben und kurz mitbraten. Cocktailtomaten und Soße aus dem Mixtopf mit in die Pfanne geben und nochmal 3-4 Min. kochen lassen.

Pro Portion: 475 kcal | 16 g KH | 28 g EW | 32 g Fett

GYROSAUFLAUF
mit Metaxasoße

4 Portionen

Für die Marinade

2	Knoblauchzehen
1 TL	Oregano, getr.
½ TL	Basilikum, getr.
½ TL	Paprikapulver, edelsüß
1 TL	Salz
1 Prise	Pfeffer, gem.
1 TL	Zitronensaft
40 g	Olivenöl

Außerdem

400 g	Schweineschnitzel
2	Zwiebeln
300 g	kurze Makkaroni
½	rote Paprika
½	gelbe Paprika
100 g	Gouda, in Stücken

Für die Soße

1	kl. Zwiebel, halbiert
10 g	Olivenöl
200 g	Wasser
60 g	Tomatenmark
30 g	Metaxa
200 g	Sahne
300 g	Milch, 1,5%
1 TL	Gemüsebrühpulver
1 TL	Salz
½ TL	Zucker
1 Prise	Pfeffer

Zubereitung

Knoblauchzehen im Mixtopf **5 Sek./Stufe 6** zerkleinern. Restliche Zutaten für die Marinade dazugeben und **10 Sek./Stufe 3** vermischen. In ausreichend großen Behälter umfüllen. Schnitzel in dünne Streifen und Zwiebeln in feine Ringe schneiden, zur Marinade geben und gut vermengen. Mind. 3 Std. ziehen lassen. Mixtopf spülen.

Backofen auf 200°C Ober-/Unterhitze vorheizen. Ungekochte Nudeln in eine Auflaufform geben. Paprika in feine Streifen schneiden und zusammen mit dem Gyrosfleisch und den Zwiebeln zu den Nudeln geben. Alles gut vermengen.

Käse im Mixtopf **15 Sek./Stufe 5** zerkleinern. Umfüllen. Für die Soße Zwiebel **5 Sek./Stufe 5** zerkleinern und mit dem Spatel nach unten schieben. Olivenöl zugeben und **2 Min./120°C/Stufe 1** dünsten. Restliche Zutaten für die Soße zugeben, **4 Sek./Stufe 4** vermengen und **6 Min./90°C/Stufe 2** aufkochen. Soße über den Auflauf gießen, etwas vermengen und mit Käse bestreuen. Im vorgeheizten Backofen 30-35 Min. backen.

Pro Portion: 178 kcal | 10 g KH | 5 g EW | 13 g Fett

Haselnuss-

Pfirsichkuchen

Backzeit: 40 – 45 Min.

Backtemperatur:
180°C Ober-/Unterhitze

TIPP
Die Haselnüsse müssen vorher nicht gemahlen werden, da diese auf Stufe 6 mit zerkleinert werden.

Zutaten

125 g	Butter, in Stücken
3	Eier
120 g	Zucker
1 P.	Vanillezucker
1 Prise	Salz
200 g	Haselnusskerne
75 g	Milch, 1,5%
100 g	Weizenmehl, Type 405
2 TL	Backpulver
1 Dose	Pfirsichhälften (Abtr.gew. 470 g)
125 g	Himbeeren, frisch
etwas	Puderzucker zum Bestäuben

Zubehör:
Springform, ø 26 cm

12 Stücke

Zubereitung

Backofen auf 180°C Ober-/Unterhitze vorheizen. Butter, Eier, Zucker, Vanillezucker und Salz in den Mixtopf geben und **1 Min./50°C/Stufe 5** rühren.

Haselnüsse, Milch, Mehl und Backpulver zugeben und **20 Sek./Stufe 6** unterrühren.

Teig in eine gefettete Springform geben. Pfirsiche gut abtropfen lassen und in Spalten schneiden. Auf dem Teig verteilen und den Kuchen im vorgeheizten Backofen 40-45 Min. backen.

Kuchen vollständig auskühlen lassen und vor dem Servieren mit Himbeeren belegen und mit Puderzucker bestäuben.

Aus dem Buch

Unser Ratz-Fatz-Kuchen Heft Nr. 1 kam bei Euch so gut an, dass wir natürlich einen 2. Band herausbrachten. Diesmal als Buch!

OBST NACH WAHL

Je nach Saison könnt Ihr auch frische Pfirsiche, Aprikosen oder Nektarinen verwenden.

Pro Stück: 322 kcal | 25 g KH | 6 g EW | 22 g Fett

8 Spieße

BRATWURST am Spieß

Zutaten

1	grüne Paprika
3	rote Zwiebeln
16	Nürnberger Bratwürstchen
8 Scheiben	Bacon

Für die Marinade/Soße

1	Zwiebel, halbiert
1	Knoblauchzehe
30 g	Öl
1 TL	Paprikapulver, edelsüß
½ TL	Salz
70 g	Honig
80 g	Tomatenmark
80 g	Ketchup
¼ TL	Pfeffer, gem.
1 TL	Oregano, getr.
1 TL	Thymian, getr.
1 TL	Majoran, getr.
1 TL	Senf, mittelscharf

Zubehör:
8 kleine Holzspieße

Zubereitung

Holzspieße wässern. Paprika und Zwiebeln in mundgerechte Stücke schneiden. Bratwürste mit Speck umwickeln. Im Wechsel zwei Bratwürste, Paprikastücke und Zwiebelstücke auf jeden Spieß stecken.

Für die Marinade Zwiebel und Knoblauch im Mixtopf **5 Sek./Stufe 6** zerkleinern. Mit dem Spatel nach unten schieben, Öl dazugeben und **2 Min./120°C/Stufe 2** dünsten. Restliche Zutaten zugeben und **2 Min./80°C/Stufe 1** erhitzen.

Spieße mit der Marinade bestreichen und grillen. Die restliche Marinade dient als Grillsoße.

Aus dem Buch

Ihr könnt auch nur die Soße zubereiten. Einfach eine super leckere BBQ-Soße!

Pro Spieß: 293 kcal | 13 g KH | 10 g EW | 22 g Fett

ca. 450 g

Pikante FEIGENCREME

Aus dem Heft

Zutaten

1 Knoblauchzehe
80 g getrocknete Feigen
1 Handvoll glatte Petersilie
240-250 g Weißkäse, in Stücken
100 g Doppelrahmfrischkäse
etwas Salz & Pfeffer
¼ TL Currypulver
½-1 TL Pul Biber (Blattpaprika)
30 g Milch, 1,5%

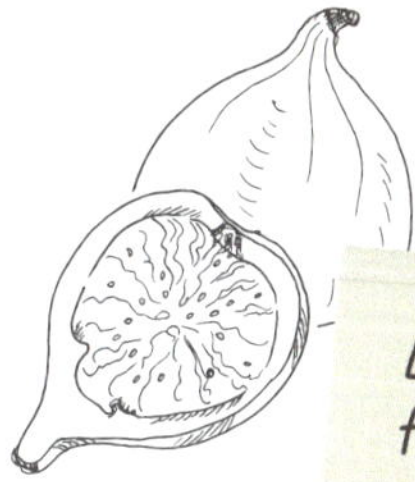

Lässt sich auch mit frischen Feigen herstellen. Tipp: Ersetzt die Feigen durch getrocknete Aprikosen. Tolle Variante!

Zubereitung

Knoblauch, Feigen und Petersilie (ohne Stängel) in den Mixtopf geben und **8 Sek./Stufe 10** zerkleinern.

Weißkäse, Frischkäse und Gewürze zugeben, **10 Sek./Stufe 5** vermischen und anschließend mit dem Spatel nach unten schieben.

Milch hinzufügen und **30 Sek./Stufe 3** cremig rühren. Umfüllen und ca. 1 Std. im Kühlschrank ziehen lassen.

Pro 50 g: 136 kcal | 6 g KH | 5 g EW | 10 g Fett

Zucchinipfanne

"Mediterran"

Aus dem Heft

Fleischliebhaber können noch Debreziner oder Chorizo mit anbraten und untermischen.

3 Portionen

Zutaten

1.200 g	Wasser, lauwarm
150 g	Langkornreis, parboiled
400 g	Zucchini
180 g	Fetakäse, light

Für die Soße

1	Knoblauchzehe
50 g	Zwiebel
1 EL	Olivenöl
130 g	Wasser, lauwarm
20 g	Tomatenmark
40 g	Paprikamark
1 TL	Thymian, getr.
1 TL	Majoran, getr.
1 TL	Salz
1 TL	Paprikapulver, rosenscharf
1 TL	Paprikapulver, edelsüß
¼ TL	Pfeffer, gem.

Zubereitung

Wasser in den Mixtopf geben. Gareinsatz einsetzen und Reis einwiegen. Zucchini der Länge nach halbieren und in ca. 1,5 cm dicke Scheiben schneiden. In den Varoma geben. Fetakäse würfeln und auf den Einlegeboden geben. Mixtopf verschließen, Varoma aufsetzen und das Ganze **22 Min./Varoma/Stufe 1** garen. Nach Garzeitende alles warm halten. Mixtopf leeren und trocknen.

Für die Soße Knoblauch und Zwiebel im Mixtopf **5 Sek./Stufe 5** zerkleinern. Mit dem Spatel nach unten schieben. Öl hinzufügen und **2 Min./120°C/Stufe 1** dünsten. Restliche Zutaten für die Soße dazugeben und **5 Min./100°C/Stufe 3** erhitzen. Soße mit Reis und Zucchinischeiben vermengen und zusammen mit Feta servieren.

EXPRESS GERICHT

Es geht auch schneller! So steht das Essen in 15 Minuten auf dem Tisch: Anstelle der Knoblauchzehe und der Zwiebel verwendet Ihr je 1 TL Knoblauch- und Zwiebelpulver. Zucchini in der Pfanne anbraten, etwas Wasser und Express-Reis zugeben und mit Soßenzutaten anrühren.

FERTIG!

Pro Portion: 362 kcal | 46 g KH | 19 g EW | 10 g Fett

RAHMGEMÜSE
mit Wiener Würstchen

4 Portionen

Aus dem Buch

Besonders mein großer Sohn Timo liebt dieses Gericht.
Ich verwende dann aber nur Kartoffeln, keine Süßkartoffeln.

Zutaten

1 Zwiebel, halbiert
70 g Knollensellerie, in Stücken
100 g Lauch, in Stücken
1 Handvoll Petersilie
20 g Öl
220 g Karotten
420 g Kohlrabi
450 g Süßkartoffeln oder Kartoffeln
600 g Wasser, lauwarm
1 EL Gemüsebrühpulver
4 Wiener Würstchen (260 g)
½ Bd. Schnittlauch, in Röllchen
½ TL Paprikapulver, edelsüß
50 g Sahneschmelzkäse
½ TL Salz
1 Msp. Muskat, gem.

Zubereitung

Zwiebel, Sellerie, Lauch und Petersilie im Mixtopf **8 Sek./Stufe 5** zerkleinern und mit dem Spatel vom Mixtopfrand nach unten schieben. Öl zugeben und **3 Min./120°C/Stufe 1** dünsten.

Karotten, Kohlrabi und Kartoffeln schälen und in kleine Stücke schneiden. Zusammen mit Wasser und Gemüsebrühpulver in den Mixtopf zugeben und **22 Min./100°C/⟲/Stufe 1** garen.

Wiener in dünne Scheiben schneiden, zusammen mit den restlichen Zutaten zugeben und mit dem Spatel vermengen. Noch einmal **4 Min./90°C/⟲/Stufe 1** erhitzen. Fertig!

Pro Portion: 423 kcal | 35 g KH | 16 g EW | 25 g Fett

ONE-POT-SPAGHETTI aglio e olio

Aus dem Buch

Das Gericht findet Ihr auch auf dem Cover, dafür haben wir das Rezept nochmal nachgekocht.

4 Portionen

Zutaten

60 g	Parmesan, in Stücken
5	Knoblauchzehen
1	rote Peperoni, entkernt
2 Handvoll	Petersilie
70 g	Olivenöl
750 g	Wasser, lauwarm
1 TL	Salz
360 g	Spaghetti (Kochzeit 9 Min., z. B. von Barilla)
etwas	Salz & Pfeffer
etwas	frische Petersilie

Pasta Party!

TIPP

Anstelle von Peperoni könnt Ihr auch eine Chilischote verwenden. Petersilie und Parmesan könnt Ihr durch andere Kräuter und Käsesorten ersetzen. Wer möchte, kann das Gericht auch mit Speckwürfelchen zubereiten.

Zubereitung

Parmesan in den Mixtopf geben und **10 Sek./Stufe 8** zerkleinern. Umfüllen.

Knoblauch, Peperoni und Petersilie in den Mixtopf geben. **5 Sek./Stufe 5** zerkleinern. Mit dem Spatel vom Mixtopfrand nach unten schieben. 50 g Olivenöl dazugeben und **2 Min./100°C/Stufe 1** andünsten. Wasser und Salz dazugeben und **6 Min./100°C/Stufe 1** aufkochen.

Nun den Messbecher abnehmen. Gerät auf **15 Min./100°C/ ↺ /Sanftrührstufe** einstellen und starten. Waage aktivieren, die Spaghetti einwiegen und durch den Mixtopfdeckel schieben. Immer wieder langsam und vorsichtig nachschieben, bis die Spaghetti im Mixtopf verschwunden sind. Ggf. mit dem Spatel nachhelfen.

Nach Garzeitende restliches Olivenöl dazugeben und mit Salz und Pfeffer nachwürzen. Zusammen mit dem Parmesan servieren. Ggf. noch frische Petersilie darüber streuen.

Pro Portion: 530 kcal | 65 g KH | 17 g EW | 21 g Fett

Mohn-Kleckselkuchen
mit Sauerkirschkonfitüre

Aus dem Kalender

Lässt sich gut einfrieren!

Backzeit: 35 – 40 Min.

Backtemperatur:
180°C Ober-/Unterhitze

Für die Streusel

24 Stücke

50 g Butter
1 P. Vanillezucker
40 g Zucker
90 g Weizenmehl, Type 405

Für den Teig

250 g Milch, 1,5%
1 Würfel frische Hefe
80 g Zucker
100 g Butter, in Stücken
500 g Weizenmehl, Type 405
1 Prise Salz
1 Ei

Für die Quark-Kleckse

1 Eiweiß
1 Prise Salz
250 g Quark, 20%
40 g Milch, 1,5%
1 Eigelb
20 g Zucker
1 P. Vanillezucker

Für die Mohn-Kleckse

250 g Milch, 1,5%
20 g Butter
1 TL Zitronenschalenabrieb
30 g Weichweizengrieß
100 g Mohn, gem.
40 g Zucker
1 Ei
1 EL Rum*
½ TL Zimt

Für die Kirsch-Kleckse

1 Glas Sauerkirschkonfitüre (250 g)
2 EL Rum

Zubereitung

Zutaten für die Streusel im Mixtopf **10 Sek./Stufe 4** vermengen. Umfüllen. Für den Teig Milch, Hefe, Zucker und Butter in den Mixtopf geben und **3 Min./50°C/Stufe 1** erwärmen. Mehl, Salz und Ei zugeben und **3 Min./Teigstufe** kneten. Umfüllen und an einem warmen Ort abgedeckt ca. 30-40 Min. gehen lassen. Mixtopf spülen.

Für die Quark-Kleckse den Rühraufsatz einsetzen. Eiweiß und Salz **ca. 1:30 Min./Stufe 4** steif schlagen. Rühraufsatz entfernen.
Restliche Zutaten zugeben und **10 Sek./Stufe 3** verrühren. Umfüllen.

Für die Mohn-Kleckse Milch, Butter, Zitronenschale und Grieß **7 Min./90°C/Stufe 2** erhitzen. Restliche Zutaten für die Mohn-Kleckse zugeben und **10 Sek./Stufe 5** vermengen. Umfüllen.

Für die Kirsch-Kleckse die Konfitüre mit Rum in einer kleinen Schüssel verrühren. Ein Backblech mit Backpapier belegen und mit Mehl bestreuen. Hefeteig daraufgeben und ausrollen. Nun mit einem Esslöffel im Wechsel Quark- und Mohn-Masse auf den Teig geben (s. Bild). Zum Schluss die Kirschmasse in Klecksen daraufgeben und Streusel darüber streuen. Kuchen noch einmal 15-20 Min. gehen lassen. Backofen auf 180°C Ober-/Unterhitze vorheizen. Kuchen ca. 35-40 Min. backen.

*Alkoholfreie Variante:
1 El Wasser mit Rumaroma

Pro Stück: 255 kcal | 35 g KH | 9 g EW | 7 g Fett

SPEKULATIUS-Käsesahne-Torte

Aus dem Buch

Backzeit: 10 Min.

Backtemperatur:
200°C Ober-/Unterhitze

Wer diese leckere Torte außerhalb der Weihnachtszeit backen möchte, nimmt einfach Butterkekse.

12 Stücke

Zutaten

50 g Spekulatiuskekse
4 Eier
140 g Zucker
140 g Mehl
1 geh. TL Backpulver

Für die Füllung

6 Blatt Gelatine
600 g Sahne
2 P. Vanillezucker
500 g Magerquark
50 g Zucker
80 g Orangensaft
1 kl. Dose Mandarinen (175 g)

Für den Belag

200 g Sahne
1 P. Sahnesteif
1 EL Zucker
50 g Haselnusskrokant
50 g Mandelblättchen

Zubereitung

Spekulatiuskekse in den Mixtopf geben und **7 Sek./Stufe 5** zerbröseln. Umfüllen.

Rühraufsatz einsetzen. Eier und Zucker in den Mixtopf geben und **8 Min./40°C/Stufe 4** aufschlagen. Mehl, Backpulver und Spekulatiusbrösel zugeben und **4 Sek./Stufe 3** unterheben. Biskuitteig in eine mit Backpapier ausgelegte Springform (Ø 26 cm) geben und im vorgeheizten Backofen bei 200°C Ober-/Unterhitze ca. 10 Min. backen. Mixtopf spülen. Bei leicht geöffneter Ofentüre Biskuit abkühlen lassen. Danach Boden waagerecht halbieren. Gelatine einweichen.

Für die Füllung kalte Sahne und Vanillezucker ohne Rühraufsatz im Mixtopf **15 Sek./Stufe 10** steif schlagen. Quark und Zucker zugeben und **15 Sek./Stufe 4.5** vermengen. Masse in eine große Schüssel umfüllen.

Orangensaft und ausgedrückte Gelatine in den Mixtopf geben und **2 Min./80°C/Stufe 2** auflösen. Nun 100 g Quarkmasse aus der Schüssel in den Mixtopf geben und **10 Sek./Stufe 3** mit der Gelatinemischung vermengen. Alles zurück in die Schüssel geben und mithilfe eines Löffels gut durchrühren. Mandarinen abtropfen lassen und vorsichtig unterheben. Um den Boden einen Tortenring stellen und Mandarinen-Quark-Masse darauf verteilen. Mit dem 2. Boden abdecken. Für mind. 3 Std. in den Kühlschrank stellen (oder auch über Nacht). Mixtopf spülen.

Für den Belag **Rühraufsatz einsetzen.** Sahne mit Sahnesteif und Zucker auf **Stufe 3** unter Sichtkontakt steif schlagen. Sahne auf die Torte streichen. Mandelblättchen in einer Pfanne ohne Fett rösten und abkühlen lassen. Torte mit Haselnusskrokant und gerösteten Mandelblättchen verzieren.

Pro Stück: 443 kcal | 38 g KH | 13 g EW | 27 g Fett

TOFFIFEE CUPCAKES

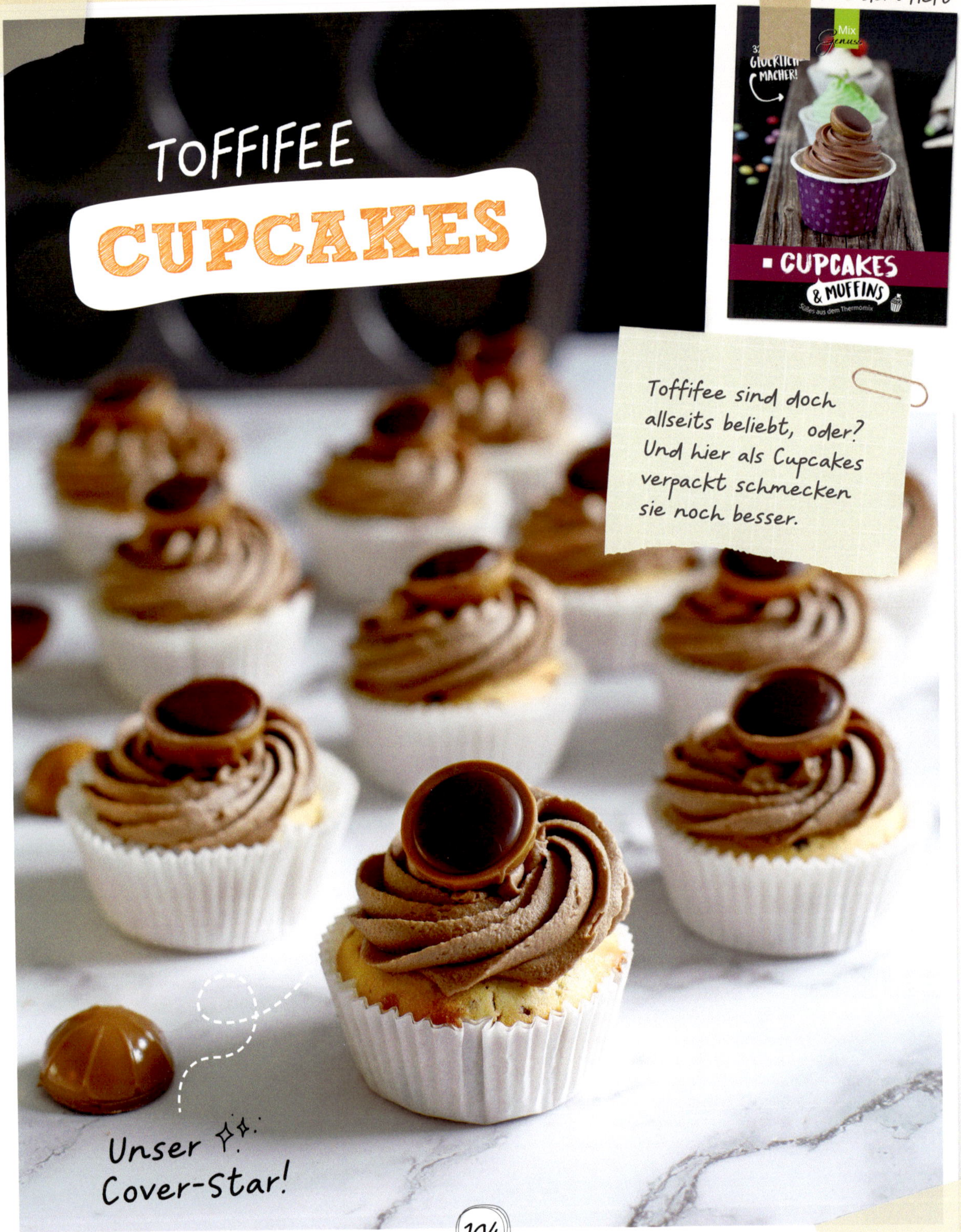

Aus dem Heft

Toffifee sind doch allseits beliebt, oder? Und hier als Cupcakes verpackt schmecken sie noch besser.

Unser Cover-Star!

12 Cupcakes

Zutaten

30 Toffifee

120 g Butter
100 g Zucker
1 P. Vanillezucker
1 Prise Salz
2 Eier
180 g Milch, 1,5%
260 g Weizenmehl, Type 405
2 TL Backpulver

Für das Topping

240 g Puderzucker
150 g weiche Butter
70 g Nuss-Nougat-Creme (z. B. Nutella)
ca. 1 EL heißes Wasser

Zubereitung

6 Toffifee in den Mixtopf geben und **5 Sek./Stufe 6** hacken. Umfüllen. Backofen auf 180°C Ober-/Unterhitze vorheizen.

Butter, Zucker, Vanillezucker, Salz und Eier im Mixtopf **1 Min./37°C/Stufe 5** mixen. Milch, Mehl und Backpulver zugeben und **20 Sek./Stufe 4** vermengen. Zerkleinerte Toffifee zugeben und **10 Sek./Stufe 4** unterrühren. Die Hälfte des Teiges in 12 Muffinförmchen füllen und je 1 Toffifee hineingeben. Mit restlichem Teig bedecken und im vorgeheizten Backofen 25-30 Min. backen. Mixtopf spülen.

Alle Zutaten für das Topping im Mixtopf **20 Sek./Stufe 4** cremig rühren. In einen Spritzbeutel füllen und auf die erkalteten Muffins spritzen. Cupcakes mit je einem Toffifee verzieren.

Pro Cupcake: 527 kcal | 63 g KH | 6 g EW | 28 g Fett

Hirtenpfanne
MYKONOS

TIPP
Rezept kann verdoppelt werden.

Hierzu passen Reis oder Fladenbrot!

3 Portionen

Zutaten

200 g	Feta
½	Salatgurke (Bio)
8-10	Cocktailtomaten
400 g	Geschnetzeltes (Pute, Hähnchen o. Schwein)
etwas	Salz & Pfeffer
etwas	Öl zum Braten

Für die Soße

1	kl. Knoblauchzehe
1 EL	Öl
100 g	Sahne
200 g	Wasser, lauwarm
50 g	Milch, 1,5%
½ TL	Salz
1 Prise	Pfeffer, frisch gem.
1 TL	Gemüsebrühpulver
1 Msp.	Muskat, gem.
1 TL	Oregano, getr.
1 TL	Thymian, getr.
1 TL	Tomatenmark
1 TL	Senf, mittelscharf
1 EL	Speisestärke

Aus dem Heft

VARIANTE

Wer das Gericht gerne vorbereiten möchte, kann es wie beschrieben (ohne Feta) zubereiten und in eine Auflaufform geben. Fetakäse darüber bröseln und im Ofen bei 180°C Umluft ca. 15-20 Min. überbacken.

Zubereitung

Zuerst Feta und Gurke (nicht schälen) in Würfel schneiden. Cocktailtomaten halbieren oder vierteln.

Für die Soße Knoblauch im Mixtopf **5 Sek./Stufe 6** zerkleinern. Mit dem Spatel nach unten schieben. Öl zugeben und **3 Min./120°C/Stufe 1** dünsten. Restliche Zutaten für die Soße zugeben und **3 Min./90°C/Stufe 2** erhitzen.

Geschnetzeltes mit Salz und Pfeffer würzen und in einer Pfanne mit etwas Öl anbraten. Gurkenwürfel zugeben und mitbraten. Soße aus dem Mixtopf, Feta und Tomaten zugeben und kurz erhitzen.

Pro Portion: 493 kcal | 11 g KH | 43,5 g EW | 30 g Fett

Gemüse-Tagliatelle

mit Pinienkernen

Aus dem Heft

Es muss nicht immer Fleisch sein. In diesem Heft findet ihr tolle fixe Veggie-Rezepte.

4 Portionen

Zutaten

400 g	frische Tagliatelle, aus dem Kühlregal*
50 g	Pinienkerne
250 g	Zucchini
175 g	Cocktailtomaten
etwas	Öl zum Anbraten

* alternativ frisch gekochte Pasta

Für die Soße

2	Schalotten
1	Knoblauchzehe
1 TL	Röstzwiebeln
1 EL	Olivenöl
200 g	Wasser, lauwarm
40 g	Tomatenmark
100 g	Mascarpone
1 EL	Speisestärke
1 TL	Gemüsebrühpulver
¼ TL	Cayennepfeffer, gem.
¼ TL	Pfeffer, gem.
1 TL	Salz
1 TL	Thymian, getr.
1 TL	Basilikum, getr.
1 TL	Oregano, getr.

Zubereitung

Pinienkerne in einer Pfanne ohne Öl rösten und umfüllen.

Schalotten, Knoblauch und Röstzwiebeln im Mixtopf **5 Sek./Stufe 5** zerkleinern. Mit dem Spatel nach unten schieben. Olivenöl zugeben und **2 Min./120°C/Stufe 1** dünsten. Restliche Zutaten für die Soße zugeben und **5 Min./90°C/Stufe 3** erhitzen.

Zucchini der Länge nach halbieren und in Scheiben schneiden. Cocktailtomaten halbieren. Zucchini in einer Pfanne mit etwas Öl anbraten. Nudeln, halbierte Cocktailtomaten und Pinienkerne zugeben. Soße aus dem Mixtopf darüber geben und alles gut vermengen. Ca. 3-5 Min. bei mittlerer Hitze ziehen lassen und servieren.

TIPP
Rezept kann verdoppelt werden.

Pro Portion: 440 kcal | 45 g KH | 12 g EW | 23 g Fett

2310 ml

Waldfrucht-LIKÖR

Aus dem Heft

Zutaten

500 g Zucker
750 g Waldfrüchte, TK
100 g Zitronensaft
250 g Wasser
750 g Wodka

Zubereitung

Zucker im Mixtopf **5 Sek./Stufe 8** pulverisieren. Gefrorene Waldfrüchte zugeben und **10 Sek./Stufe 10** zerkleinern. Mit dem Spatel etwas nach unten schieben.

Zitronensaft und Wasser zugeben und **16 Min./90°C/Stufe 2** erhitzen.

Wodka zugeben und **10 Sek./Stufe 4** unterrühren. Likör durch ein Sieb gießen und in Flaschen abfüllen.

Als wir dieses Heft erstellt haben, haben wir ein Tasting mit Freunden veranstaltet, natürlich mit Bewertungsbogen. War sehr lustig! Solltet Ihr auch mal machen.

LIKÖR: ____
WIE STARK FANDEST DU DEN LIKÖR?
LEICHT MITTEL STARK
WIE GUT HAT ER DIR GESCHMECKT?
☆ ☆ ☆ ☆ ☆

LIKÖR: ____
WIE STARK FANDEST DU DEN LIKÖR?
LEICHT MITTEL STARK
WIE GUT HAT ER DIR GESCHMECKT?
☆ ☆ ☆ ☆ ☆

LIKÖR: ____
WIE STARK FANDEST DU DEN LIKÖR?
LEICHT MITTEL STARK
WIE GUT HAT ER DIR GESCHMECKT?
☆ ☆ ☆ ☆ ☆

LIKÖR: ____
WIE STARK FANDEST DU DEN LIKÖR?
LEICHT MITTEL STARK
WIE GUT HAT ER DIR GESCHMECKT?
☆ ☆ ☆ ☆ ☆

LIKÖR: ____
WIE STARK FANDEST DU DEN LIKÖR?
LEICHT MITTEL STARK
WIE GUT HAT ER DIR GESCHMECKT?
☆ ☆ ☆ ☆ ☆

LIKÖR: ____
WIE STARK FANDEST DU DEN LIKÖR?
LEICHT MITTEL STARK
WIE GUT HAT ER DIR GESCHMECKT?
☆ ☆ ☆ ☆ ☆

Pro 40 ml: 70 kcal | 10 g KH | < 1 g EW | < 1 g Fett

TIPP

Gut gekühlt genießen!

FUN FACTS

Likör-Rezepte Produktion:

- morgens um halb 10 im MixGenuss Büro
- peinlich der morgendliche Einkauf im Supermarkt
- Bewertungsbögen verteilt (siehe links)

Türkische ACMA

Super soft!

Gesamtzeit: ca. 2 Std.
Gehzeit: 1 Std. 20 Min.
Backtemperatur: 180°C Umluft

Können auch mit Sesam bestreut werden!

20 Stück

Zutaten

200 g Milch, 1,5%
100 g Wasser, lauwarm
100 g Öl
1 Würfel frische Hefe
50-60 g Zucker
650 g Weizenmehl, Type 405
1 TL Salz
1 Eiweiß

Zum Bestreichen & Bestreuen

1 Eigelb
3 EL Öl
etwas Schwarzkümmelsamen

Aus dem Buch

Toll auch zum Mitnehmen z.B. fürs Picknick, ins Schwimmbad oder zum Tagesausflug.

Zubereitung

Milch, Wasser, Öl, Hefe und Zucker im Mixtopf **2 Min./37°C/Stufe 2** erwärmen. Mehl, Salz und Eiweiß zugeben und **4 Min./Teigstufe** kneten. Den Teig in eine leicht geölte Schüssel geben und abgedeckt ca. 1 Std. gehen lassen.

Teig in 20 Portionen teilen und lang rollen. Die Teigrollen ineinander verdrehen und wie einen Knoten ineinander schlagen. Die Teigstücke auf zwei mit Backpapier belegte Backbleche setzen.

Abgedeckt noch einmal ca. 20 Min. gehen lassen. In dieser Zeit den Backofen auf 180°C Umluft vorheizen.

Eigelb und Öl in einer Tasse verrühren und die Brötchen damit bestreichen. Mit Schwarzkümmelsamen bestreuen und im vorgeheizten Backofen ca. 20 Min. backen.

TIPP

Wenn der Teig nach der Gehzeit immer noch etwas klebt, die Hände mit Speiseöl einreiben.

Pro Stück: 194 kcal | 27 g KH | 5 g EW | 7 g Fett

Heidelbeer-

BALSAMICO

2 Flaschen à 200 ml

Aus dem Heft

Zutaten

60 g brauner Zucker
250 g Heidelbeeren
250 g Balsamicoessig, hell
1 Prise Salz
1 Vanilleschote, Mark davon

Wenn Ihr gefrorene Heidelbeeren verwendet, diese vorher auftauen lassen.

Passt zu Feldsalat, Obstsalat und Vanille-Eis oder einen kleinen Schuss in den Sekt geben!

Zubereitung

Zucker im Mixtopf **10 Sek./Stufe 10** pulverisieren. Heidelbeeren, Balsamico, Salz und Mark der Vanilleschote zugeben und **20 Sek./Stufe 10** pürieren. Ca. 30 Min. ruhen lassen.

Alles **30 Min./100°C/Stufe 1** ohne Messbecher kochen. Durch ein Sieb abseihen und den Balsamico auffangen. In Flaschen umfüllen und verschließen.

Haltbarkeit:

8-10 Wochen kühl und dunkel gelagert

Pro 100 ml: 115 kcal | 33 g KH | < 1 g EW | < 1 g Fett

Spicy

COCKTAIL-SAUCE

ca. 150 ml

Zutaten

1	Knoblauchzehe
1	rote Chilischote, entkernt
1 EL	Öl
100 g	Salatmayonnaise
30 g	Tomatenketchup
10 g	Tomatenmark
2 EL	Zitronensaft
1 TL	Senf, mittelscharf
1 Prise	Pfeffer, gem.

Zubereitung

Knoblauch und Chili in den Mixtopf geben und **5 Sek./Stufe 6** zerkleinern. Mit dem Spatel nach unten schieben. Öl zugeben und **3 Min./120°C/Stufe 1** dünsten.

Restliche Zutaten zugeben und **10 Sek./Stufe 3** vermengen.

Aus dem Heft

Die Soße passt sehr gut zu Garnelen, Fisch und Hähnchen! Auch lecker auf Sandwiches.

Pro 20 g: 82 kcal | 3 g KH | < 1 g EW | 8 g Fett

Kritharaki PAELLA

Aus dem Buch

Diese Paellavariante solltet Ihr unbedingt mal probieren. Ich finde sie mit diesen Reisnudeln am besten.

TIPP

Wer möchte, kann auch Muscheln, Hähnchenfleisch oder Meeresfrüchte im Varoma mitgaren.

4 Portionen

Zutaten

10	Riesengarnelen* (King Prawns, mit Schale, am Rücken geschlitzt und entdarmt)
150 g	Erbsen, TK
1 Dose	weiße Riesenbohnen (Abtr. gew. 240 g)
1	Zwiebel, halbiert
1	Knoblauchzehe
1 EL	Öl
200 g	Tomaten
750 g	Wasser, lauwarm
1 EL	Gemüsebrühpulver
30 g	Weißwein, trocken (altern. nur Wasser)
30 g	Tomatenmark
1 TL	Salz
2 Msp.	Pfeffer, gem.
200 g	Kritharakinudeln (Reisnudeln)
1 kl. Döschen	Safran (0,1 g)
1	Zitrone
etwas	frischer Rosmarin
etwas	Paprikapulver, rosenscharf

* Gefrorene Garnelen bitte auftauen lassen.

Wenn Ihr die Form vor dem Befüllen für ca. 10 Min. bei 100°C in den Ofen stellt, bleibt die Paella lange heiß!

Zubereitung

Erbsen auftauen lassen (können auch mit heißem Wasser überbrüht werden, dann geht es schneller). Garnelen auf den Einlegeboden geben. Bohnen absieben und zusammen mit den Erbsen in den Varoma geben. Darauf achten, dass in der Mitte einige Schlitze frei bleiben.

Zwiebel und Knoblauch im Mixtopf **5 Sek./Stufe 5** zerkleinern. Mit dem Spatel nach unten schieben. Öl zugeben und **3 Min./120°C/Stufe 1** dünsten. In dieser Zeit Tomaten in Würfel schneiden. Tomatenwürfel, Wasser, Gemüsebrühpulver, Weißwein, Tomatenmark sowie Salz und Pfeffer zugeben. Mixtopfdeckel auflegen, Varoma aufsetzen und das Ganze **10 Min./Varoma/Stufe 1** garen.

Nach dieser Zeit Varoma kurz abnehmen, Kritharakinudeln in den Mixtopf zugeben. Varoma wieder aufsetzen und weitere **12 Min./Varoma/ ↺ /Stufe 1** garen.

Nach Garzeitende Varoma abnehmen und beiseitestellen. Mixtopf öffnen und Kritharaki über einer großen Schüssel absieben, um die Garflüssigkeit aufzufangen. Abgesiebte Kritharaki in eine Auflaufform oder Servierschale umfüllen. 125-150 g Garflüssigkeit über die Kritharaki geben. Das Döschen Safran, Erbsen und Bohnen dazugeben und alles mit dem Spatel vermengen. Mit Salz und Pfeffer nochmal abschmecken. Garnelen dekorativ darauf verteilen. Zitrone aufschneiden und etwas Saft (ca. 2 TL) über die Paella träufeln. Restliche Spalten darauf legen. Rosmarin dazwischen stecken, mit Paprikapulver bestäuben und servieren.

Pro Portion: 388 kcal | 55 g KH | 25 g EW | 5 g Fett

Pennette Rigate con noci

3 Portionen

Zutaten

1 Knoblauchzehe
500 g Wasser, lauwarm
¾ TL Salz
1 TL Öl
¾ TL Gemüsebrühpulver
250 g Pennette Rigate Integrale (Vollkorn) (Kochzeit 9 Min.)
150 g Fetakäse
25 g Walnusskerne
1 Bund Rucola
30 g Doppelrahmfrischkäse
20 g Tomatenmark
30 g Sahne
1 Msp. Pfeffer, gem.
1 Spritzer Zitronensaft

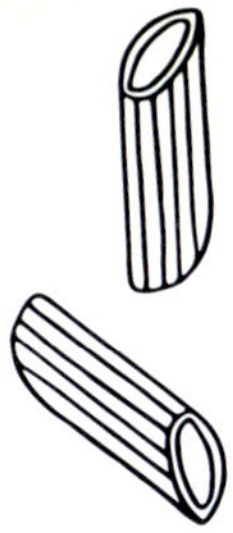

Zubereitung

Knoblauch in den Mixtopf geben und **5 Sek./Stufe 5** zerkleinern. Wasser, Salz, Öl und Gemüsebrühpulver zugeben und **4:30 Min./100°C/Stufe 1** aufkochen.

Nudeln zugeben und **10 Min./98°C/⟲/Sanftrührstufe** kochen. In der Zwischenzeit Fetakäse mit den Händen zerbröseln und in eine große Schüssel geben. Walnüsse grob hacken, Rucola putzen und beides unter den Feta mischen.

Nach Ablauf der Zeit Frischkäse, Tomatenmark, Sahne sowie Pfeffer und Zitronensaft mit in den Mixtopf geben, mit dem Spatel kurz vermengen und noch einmal **1 Min./98°C/⟲/Sanftrührstufe** erhitzen.

Sofort in die große Schüssel umfüllen und mit Rucola, Fetakäse und Walnüssen vermengen.

Pro Portion: 575 kcal | 59 g KH | 22 g EW | 27 g Fett

Schweinefilet in Curryrahm

Aus dem Kalender

Lässt sich prima vorbereiten. Für eine größere Portion könnt ihr alles verdoppeln.

Mit Serranoschinken umwickelt!

4 Portionen

Zutaten

500-600 g Schweinefilet
12 Scheiben Serranoschinken (ca. 150 g)
1 Knoblauchzehe
1 Handvoll Petersilie
250 g Sahne
200 g Crème fraîche
20 g Tomatenmark
15 g Senf, mittelscharf
2 TL Currypulver
½ TL Salz
¼ TL Pfeffer, gem.
1 Prise Zucker

Auflaufform:
ca. 16 x 30 cm

Dazu passen Reis oder Kartoffeln!

Zubereitung

Schweinefilet in 12 Medaillons schneiden und jeweils mit einer Scheibe Schinken umwickeln. Nebeneinander in eine Auflaufform setzen.

Knoblauch und Petersilie im Mixtopf **5 Sek./Stufe 6** zerkleinern. Restliche Zutaten zugeben und **15 Sek./Stufe 4** mixen. Soße über die Medaillons gießen und im vorgeheizten Backofen ca. 25 Min. bei 180°C Umluft backen.

Pro Portion: 595 kcal | 7 g KH | 48 g EW | 42 g Fett

4 Portionen

HONIG-CHILI-KARTOFFELN

Zutaten

1,2 kg kleine Kartoffeln (Drillinge)
2 EL Olivenöl
2 EL Honig
1 TL feines Meersalz
1 TL Chiliflocken
ein paar gehackte Rosmarinnadeln

Zubereitung

Kartoffeln waschen und trocknen. In eine große Schüssel geben. Olivenöl und Honig dazugeben und mit Meersalz, Chiliflocken und ein paar gehackten Rosmarinnadeln gut vermengen.

Kartoffeln auf ein mit Backpapier belegtes Backblech geben und im vorgeheizten Backofen bei 200°C Ober-/Unterhitze ca. 40-50 Min. backen.

Dazu serviert Ihr am besten eine cremige Aioli!

Pro Portion: 289 kcal | 50 g KH | 6 g EW | 8 g Fett

Kartoffel-OBATZTER

4 Portionen

Aus dem Heft

Zutaten

2 Frühlingszwiebeln
100 g gekochte Kartoffeln
125 g Camembert
40 g saure Sahne
1 Prise Salz & Pfeffer
1 Msp. Paprikapulver, edelsüß

Zubereitung

Frühlingszwiebeln in Stücken in den Mixtopf geben und **3 Sek./Stufe 5** zerkleinern. Mit dem Spatel nach unten schieben.

Kartoffeln (in Stücken), Camembert (grob zerrupft), saure Sahne und Gewürze zugeben und **7 Sek./Stufe 4** mixen.

Ein Rezept, welches natürlich super zu einer bayerischen Brotzeit passt.

Pro Portion: 135 kcal | 6 g KH | 6 g EW | 9 g Fett

Super saftiger SCHOKOCAKE

12 Stück

Aus dem Heft

Zutaten

200 g Zartbitterschokolade
200 g Margarine
200 g Zucker
200 g gem. Mandeln, o. Haut
4 Eier (Gr. M)
1 Prise Salz
1 P. Vanillezucker
1 P. Backpulver

Für den Guss

100 g Zartbitterschokolade
25 g Kokosfett (z. B. Palmin)
70 g Sahne

Zum Verzieren
frische Heidelbeeren oder Himbeeren

Zubehör
Backform (30 x 20 cm)

Verboten gut!
Die Kinder lieben diesen Kuchen. Aber Vorsicht: SUCHTGEFAHR!

Schoki LIEBE

Zubereitung

Backofen auf 160°C Ober-/Unterhitze vorheizen.

Schokolade in Stücken im Mixtopf **10 Sek./Stufe 6** zerkleinern. Margarine zugeben und **2 Min./40°C/Stufe 2** schmelzen. Mit dem Spatel nach unten schieben und noch mal **3 Min./40°C/Stufe 2.5** schmelzen.

Restliche Teigzutaten zugeben und **10 Sek./Stufe 4** mixen. Mit dem Spatel nach unten schieben und **10 Sek./Stufe 5** mixen. Teig in eine rechteckige Backform geben, glatt streichen und 45 Min. backen. Mixtopf spülen.

Nach Ende der Backzeit Schokolade für den Guss **7 Sek./Stufe 7** zerkleinern. Kokosfett in kleinen Stücken sowie Sahne zugeben und **6 Min./40°C/Stufe 2** schmelzen. Guss über den noch warmen Kuchen geben und abkühlen lassen.

Pro Stück: 492 kcal | 32 g KH | 8 g EW | 36 g Fett

Tomatensuppe
TOSKANA

TIPP

Hierzu passen auch gut Croûtons.

4 Portionen

Zutaten

2	Knoblauchzehen
60 g	Zwiebel
1 EL	Rosmarinnadeln
25 g	Olivenöl
300 g	Tomaten
400 g	Wasser, lauwarm
1 gestr. EL	Gemüsebrühpulver
1 Dose	geschälte Tomaten (400 g)
½ TL	Zucker
¼ TL	Pfeffer, gem.
1 Prise	Salz
1 TL	Majoran, gerebelt
1 kl. Hdv.	Basilikumblätter
60 g	Mascarpone
20 g	Tomatenmark
etwas	Parmesan, frisch gerieben

Croûtons

Toastbrot je nach Bedarf entrinden. Brot in 1 x 1 cm große Würfel schneiden. Etwas Butter in einer Pfanne erhitzen, bis es leicht schäumt. Brotwürfel dazugeben, unter ständigem Rühren gleichmäßig anrösten. Croûtons anschließend auf einem Küchenkrepp abtropfen lassen.

Zubereitung

Knoblauch, Zwiebel und Rosmarin im Mixtopf **5 Sek./Stufe 5** zerkleinern. Mit dem Spatel nach unten schieben. Öl zugeben und **2 Min./120°C/Stufe 1** dünsten. Tomaten in Stücke schneiden.

Tomatenstücke, Wasser, Gemüsebrühpulver, Dosentomaten und Gewürze zugeben und **15 Min./100°C/Stufe 1** kochen. Basilikumblätter zugeben und die Suppe **30 Sek./Stufe 8** pürieren.

Mascarpone und Tomatenmark zugeben und noch einmal **10 Sek./Stufe 6** mixen. Mit Parmesan bestreut servieren.

ALTE VERSION:

Pro Portion: 178 kcal | 10 g KH | 5 g EW | 13 g Fett

Cremiges Tomaten-Hähnchen

TIPP
Die Soße ist sehr cremig. Wer die Soße flüssiger mag, kann noch etwas Milch zugeben.

Dazu serviert Ihr Baguette oder Nudeln!

2 Portionen

Zutaten

350 g Hähnchenbrust-Innenfilets
1 EL Sojasauce
2 TL Honig
1 EL Zitronensaft
etwas Salz & Pfeffer
etwas Öl zum Braten

Aus dem Buch

Die Soße schmeckt auch lecker zu Nudeln wie Penne oder Tagliatelle.

Für die Soße

50 g getrocknete Tomaten
1 Handvoll Basilikumblätter
100 g Doppelrahmfrischkäse
125 g Milch, 1,5%
1 Spritzer Zitronensaft
1 EL Parmesan, gerieben
1 TL Oregano, getr.
¼ TL Salz
¼ TL Pfeffer, gem.

Zubereitung

Hähnchenfleisch mit Sojasauce, Honig, Zitronensaft sowie etwas Salz und Pfeffer in einen Gefrierbeutel geben und darin marinieren.

Getrocknete Tomaten und Basilikumblätter in den Mixtopf geben und **5 Sek./Stufe 6** zerkleinern. Mit dem Spatel nach unten schieben, restliche Zutaten zugeben und **10 Sek./Stufe 3** verrühren.

Hähnchen in einer Pfanne in etwas Öl anbraten. Soße hinzugeben und kurz aufkochen lassen.

Pro Portion: 508 kcal | 25 g KH | 52 g EW | 24 g Fett

Linsen-Chili

mit Cheddar

Aus dem Buch

Ich bin ja mittlerweile zum echten Linsenfan geworden. Und Ihr? Probiert´s mal aus.

Dazu gibt's Baguette!

4 Portionen

Zutaten

2 Knoblauchzehen
1 rote Zwiebel, halbiert
1 TL Öl
200 g Tellerlinsen
700 g Wasser, lauwarm
2 Spritzer Zitronensaft
1 EL Gemüsebrühpulver
½ TL Koriander, gem.
½ TL Paprikapulver, rosenscharf
½ Msp. Pfeffer, gem.
½ TL Oregano, getr.
½ TL Currypulver
1 Dose Kidneybohnen (Abtr.gew. 255 g)
50 g Tomatenmark
100 g stückige Tomaten (Dose)
½ TL Salz

Zum Servieren

50 g Crème légère
50 g Cheddarkäse, gerieben
1-2 Frühlingszwiebeln, in Ringe geschnitten

TIPP
Wer möchte, kann auch noch eine kleine Dose Mais zugeben.

Zubereitung

Knoblauch und Zwiebel im Mixtopf **5 Sek./Stufe 5** zerkleinern.
Mit dem Spatel nach unten schieben. Öl zugeben und **2 Min./120°C/Stufe 1** dünsten.

Linsen, Wasser, Zitronensaft, Gemüsebrühpulver und Gewürze (außer Salz) zugeben und das Ganze **33 Min./98°C/Sanftrührstufe** kochen. In der Zwischenzeit Kidneybohnen unter fließendem Wasser waschen und beiseitestellen.

Nach Garzeitende Bohnen, Tomatenmark, stückige Tomaten und Salz zugeben und **3 Min./90°C//Stufe 1** erhitzen.

Auf 4 Tellern anrichten und mit Crème légère, Cheddarkäse sowie Frühlingszwiebelringen bestreut servieren.

Pro Portion: 353 kcal | 42 g KH | 21 g EW | 9 g Fett

Erdbeer-Stracciatella TORTE

Backzeit: ca. 20 Min.

Backtemperatur: 180°C Ober-/Unterhitze

TIPP

Wer möchte, kann den Kuchen vor dem Servieren noch mit etwas Kakaopulver bestäuben und mit gehackten Pistazien bestreuen (siehe Bild).

Für den Teig

100 g	Butter, weich
50 g	Zucker
1 P.	Vanillezucker
1 Prise	Salz
2	Eier
40 g	Milch, 1,5%
100 g	Weizenmehl, Type 405
25 g	Speisestärke
1 TL	Backpulver

Für den Belag

150 g	Zartbitterkuvertüre
25 g	Kokosfett (z. B. Palmin)
900-1.000 g	kl. Erdbeeren
400 g	Sahne
2 P.	Sahnesteif
250 g	Mascarpone
250 g	Magerquark
50 g	Zucker
100 g	Raspelschokolade

Zubehör

Springform Ø 26 cm

12 Stücke

Zubereitung

Butter, Zucker, Vanillezucker, Salz und Eier in den Mixtopf geben und **20 Sek./Stufe 5** vermengen. Milch, Mehl, Speisestärke und Backpulver zugeben und **20 Sek./Stufe 4** verrühren. Teig in eine mit Backpapier ausgelegte Springform geben und glatt streichen. Im vorgeheizten Backofen bei 180°C Ober-/Unterhitze ca. 20 Min. backen.

In der Zwischenzeit Mixtopf spülen. Kuvertüre in Stücken im Mixtopf **10 Sek./Stufe 8** hacken. Kokosfett zugeben und **3 Min./50°C/Stufe 1-2** schmelzen. Alles mit dem Spatel nach unten schieben und erneut **3 Min./50°C/Stufe 1-2** erhitzen, bis die Schokolade komplett geschmolzen ist. 12 kleine Erdbeeren für die Verzierung zur Hälfte in die Schokolade tauchen und zum Trocknen auf ein Backpapier setzen.

Den Tortenboden auf eine Kuchenplatte setzen und einen Tortenring darum stellen. Restliche Schokolade auf den Boden streichen. Von den restlichen Erdbeeren den Strunk entfernen und dicht aneinander auf den mit Schokolade bestrichenen Boden setzen. Kalt stellen.

Mixtopf spülen (muss kalt sein!). **Rühraufsatz einsetzen**. Sahne und Sahnesteif in den Mixtopf geben und unter Sichtkontakt auf **Stufe 3-4** steif schlagen. Rühraufsatz entfernen. Mascarpone, Quark, Zucker und Raspelschokolade zugeben und mithilfe des Spatels **20 Sek./Stufe 4** vermengen. Ggf. noch einmal mit dem Spatel durchrühren und auf den Kuchen geben. Die Creme mit dem Spatel etwas nach unten streichen, damit auch zwischen den Erdbeeren genug Creme ist.

Nun die Schoko-Erdbeeren für die Verzierung auf den Kuchen legen und 1-2 Std. kalt stellen. Vor dem Servieren vorsichtig mit einem Messer den Tortenring vom Kuchenrand lösen und entfernen.

Pro Stück: 495 kcal | 36 g KH | 8 g EW | 35 g Fett

VIETNAMESISCHES

BANH MI

mit spicy Mayonnaise & marinierten Gurken

Aus dem Buch

Mein absolutes Lieblingsbuch! Super leckere Rezepte und schnell zubereitet!

soooo lecker

Für 3 Stück

Zutaten

3 Krustenbrötchen
1 Handvoll Friséesalat
1 Handvoll Koriander
1 kl. Karotte
1 rote Chilischote
200 g gr. Cocktailgarnelen, servierfertig (Kühlregal)
etwas Öl zum Anbraten

Marinierte Gurken

1 Minigurke
2 EL Reisessig
1 TL Salz
2 TL Zucker

Spicy Mayonnaise

100 g Salatcreme (15% Joghurt)
15 g Sriracha-Sauce*
1 TL Worcestersauce
2 EL Limettensaft
1 TL Tomatenmark

**Findet Ihr in gut sortierten Supermärkten in der Asia-Abteilung.*

Zubereitung

Zuerst die Minigurke in dünne Scheiben hobeln und mit Reisessig, Salz und Zucker in einer Schüssel vermengen. Beiseitestellen und ziehen lassen.

Zutaten für die Mayonnaise in den Mixtopf geben und **20 Sek./Stufe 2.5** verrühren. Salat putzen und klein schneiden. Korianderblätter vom Stiel zupfen und beiseitelegen. Karotte schälen. Von der Karotte mit dem Schäler dünne Streifen abziehen und diese in feine Stifte schneiden.

Chilischote längs halbieren, Kerne entfernen und in dünne Streifen schneiden. Cocktailgarnelen in einer Pfanne mit heißem Öl kurz anbraten.

Krustenbrötchen längs ein-, aber nicht ganz durchschneiden und mit allen Zutaten füllen.

Pro Portion: 454 kcal | 54 g KH | 21 g EW | 16 g Fett

Giraffenrolle

mit Mascarponecreme & Banane

Aus dem Buch

Bei unseren Instagram Fans ist dieser Kuchen total beliebt und wurde schon oft gepostet!

10 Stücke

Für den Teig

60 g	Zucker
2 P.	Vanillezucker
3	ganze Eier (Gr. M)
2	Eigelb (Gr. M)
50 g	Weizenmehl, Type 405
15 g	Backkakao
etwas	Backpulver

Für die Füllung

2	Bananen
2-3 EL	Nuss-Nougat-Creme (z. B. Nutella)
200 g	Sahne
30-40 g	Zucker
250 g	Mascarpone

Zubereitung

Ein Backblech mit Backpapier auslegen und den Backofen auf 180°C Ober-/Unterhitze vorheizen. **Rühreinsatz einsetzen.** Zucker, Vanillezucker, Eier und Eigelb in den Mixtopf geben und **12 Min./40°C/Stufe 4** aufschlagen. Danach ca. die Hälfte aus dem Mixtopf nehmen und in eine Schüssel geben. 30 g Mehl und 2 Msp. Backpulver mit dem Schneebesen unterrühren. In einen Spritzbeutel geben und die hellen Giraffenlinien auf das Backpapier spritzen. Nun das Muster 2 Min. im vorgeheizten Ofen backen und herausnehmen.

Zum restlichen Teig im Mixtopf nochmal 20 g Mehl, Kakao sowie 2 Msp. Backpulver zugeben und mit dem Rühraufsatz **5 Sek./Stufe 3** vermengen. Sollte vom hellen Teig noch etwas übrig sein, diesen auch mit einrühren. Kakaoteig auf das Muster geben und vorsichtig glatt streichen. Blech wieder in den Ofen geben und 10 Min. fertig backen. Blech aus dem Ofen nehmen, Zucker darüber streuen und ein weiteres Blatt Backpapier darauflegen. Blech nun stürzen und das Backpapier auf der Musterseite vorsichtig abziehen. Tipp: Vorher etwas eiskaltes Wasser auf das Papier träufeln und mit den Händen verreiben. Danach lässt sich das Papier ganz leicht abziehen. Wieder ein neues Papier darauflegen, sodass der Teig zwischen 2 Lagen Papier ist. Nun mit der Giraffenseite nach außen auf ein Nudelholz aufrollen und abkühlen lassen.

Mixtopf spülen und die Creme herstellen: **Rühreinsatz einsetzen** und Sahne mit dem Zucker auf **Stufe 3** steif schlagen. Rühreinsatz entfernen und Mascarpone zugeben. Auf **Stufe 3** so lange rühren, bis eine gleichmäßige Creme entsteht.
Tipp: Wer möchte, kann noch 1-2 TL Nuss-Nougat-Creme mit in die Creme rühren.
Mascarponecreme auf den abgekühlten Teig streichen und Bananen parallel zur kurzen Seite legen. Nun Nuss-Nougat-Creme auf die Bananen geben und alles von der kurzen Seite her vorsichtig aufrollen. Kalt stellen. Fertig!

Pro Stück: 328 kcal | 26 g KH | 6 g EW | 22 g Fett

TIPP

Rezept kann verdoppelt werden.

Big City Pizza BOSTON

2 Portionen

Zutaten

½ Fladenbrot
1 Kugel Mozzarella, in Scheiben geschnitten

Für die Soße

1 kl. Knoblauchzehe
1 kl. Zwiebel, halbiert
1 EL Öl
200 g Doppelrahmfrischkäse
1 Prise Salz
¼ TL Pfeffer, gem.
1 Msp. Muskat, gem.
2 TL Gemüsebrühpulver
1 TL 8-Kräuter-Mischung, TK
80 g Sahne
25 g Wasser
100 g frischer Blattspinat
etwas Salz
1 geh. TL Speisestärke mit 1 EL Wasser angerührt

Aus dem Heft

Wer ein ganzes Fladenbrot verwenden möchte, kann die Soße verdoppeln. Ihr benötigt dann auch 2x Mozzarella.

PIZZA LOVER

Zubereitung

Backofen auf 200°C Umluft vorheizen. Für die Soße Knoblauch und Zwiebel im Mixtopf **5 Sek./Stufe 5** zerkleinern. Mit dem Spatel nach unten schieben. Öl zugeben und **2 Min./120°C/Stufe 1** dünsten. Frischkäse, Salz, Pfeffer, Muskat, 1 TL Gemüsebrühpulver und 8-Kräuter-Mischung zugeben und **10 Sek./Stufe 3** vermengen.
Soße auf das Fladenbrot streichen.

Sahne, Wasser, Spinat, 1 TL Gemüsebrühpulver sowie etwas Salz in den Mixtopf geben und **5 Min./100°C/⟲/Stufe 1** erhitzen. Speisestärke-Gemisch zugeben und noch einmal **1 Min./100°C/⟲/Stufe 1** erhitzen. Spinatmasse auf der Pizza verteilen, mit Mozzarellascheiben belegen und im vorgeheizten Backofen 8 Min. überbacken.
Auf Grillfunktion stellen und weitere 3 Min. backen, bis sich der Käse bräunlich färbt.

Pro Portion: 898 kcal | 68 g KH | 56 g EW | 30 g Fett

Honig-Senf-Kabeljau

mit Kartoffeln

TIPP

Wer möchte, kann noch etwas frischen Dill darüber streuen.

Zutaten

In den Varoma:

1 kg junge Kartoffeln (Drillinge)
1 TL Salz
½ TL Pfeffer, gem.
1 TL Paprikapulver, edelsüß
1 TL Rosmarinpulver
1 EL Öl

500 g Kabeljau
etwas Salz & Pfeffer

In den Mixtopf:

1 Knoblauchzehe
1 EL Öl
500 g Wasser, lauwarm
1 EL Gemüsebrühpulver
1 TL Salz

Für die Soße

80 g Garflüssigkeit
150 g Schmand
1 gr. Handvoll Dill
100 g Crème fraîche
20 g Senf, mittelscharf
15 g Honig
1 TL Limettensaft
½ TL Salz
¼ TL Pfeffer, gem.

Zubereitung

Kartoffeln waschen und halbieren. Mit Gewürzen und Öl vermengen und unten in den Varoma geben. Varoma verschließen und beiseitestellen.

Knoblauch im Mixtopf **5 Sek./Stufe 5** zerkleinern.
Mit dem Spatel nach unten schieben.
Öl zugeben und **2 Min./Varoma/Stufe 1** dünsten.
Wasser, Gemüsebrühpulver und Salz zugeben.
Mixtopfdeckel auflegen, Varoma mit Kartoffeln aufsetzen und **15 Min./Varoma/Stufe 1** vorgaren.

In der Zwischenzeit Kabeljau auf den Einlegeboden geben und mit Salz und Pfeffer würzen.
Nach Garzeitende Varoma kurz öffnen, Einlegeboden mit Kabeljau einsetzen und weitere **15 Min./Varoma/Stufe 1** garen.

Varoma abnehmen und beiseitestellen. Mixtopf leeren, dabei 80 g der Garflüssigkeit auffangen und wieder in den Mixtopf geben. Restliche Zutaten für die Soße in den Mixtopf zugeben und **1:30 Min./100°C/Stufe 2.5** verrühren.

Kabeljau mit Kartoffeln und Soße servieren.

Pro Portion: 519 kcal | 47 g KH | 29 g EW | 22 g Fett

ANTIPASTI

GEMÜSE mit Burrata

Tolle Idee für Gäste!

Aus dem Buch

Brotzeit ist die schönste Zeit. In diesem Buch findet ihr kreative Ideen, was man zur Brotzeit alles essen kann.

Zutaten

4 Portionen

1 bunter Paprika-Mix (500 g)
½ Zucchini (ca. 150 g)
1 kl. Aubergine (ca. 120 g)
5 Champignons (ca. 100 g)
1 kl. Fenchel (ca. 130 g)
etwas Kräutersalz
2 EL Olivenöl
500 g Wasser, lauwarm
1 Handvoll Rucola
2 Burrata (altern. Mozzarella)
1 EL grünes Pesto

Für das Dressing

1 Knoblauchzehe
1 Handvoll Basilikumblätter
25 g Olivenöl
60 g Balsamicoessig, hell
1 Prise Zucker
1 TL Salz
etwas Pfeffer, gem.

Zubereitung

Gemüse klein schneiden und mit Kräutersalz sowie Olivenöl gut vermengen. Im Varoma sowie auf dem Einlegeboden verteilen. Darauf achten, dass im Varoma in der Mitte ausreichend Schlitze frei bleiben. Beiseitestellen.

Knoblauch und Basilikum im Mixtopf **3 Sek./Stufe 6** zerkleinern. Mit dem Spatel nach unten schieben. Restliche Zutaten für das Dressing zugeben und **4 Sek./Stufe 3** mixen. In eine große Schüssel umfüllen (hier kommt später das Gemüse dazu). Mixtopf nicht spülen, sondern 500 g Wasser einfüllen. Varoma mit Gemüse aufsetzen, Mixtopfdeckel auflegen und das Ganze **20 Min./Varoma/Stufe 1** garen.

Nach Garzeitende Varoma abnehmen, auf einen Teller stellen und etwas abkühlen lassen. Gemüse zum Dressing in die Schüssel geben und gut vermengen. Etwas Rucola auf eine Servierplatte geben, Antipasti darauf verteilen und Burrata mittig platzieren. Mit etwas frisch gemahlenem Pfeffer bestäuben und einen Klecks Pesto darauf geben.

Pro Portion: 452 kcal | 17 g KH | 12 g EW | 36 g Fett

Summer BOWL

mit Kokosjoghurt

TIPP

Mango und Ananas am Vortag in Stücke schneiden und einfrieren.

2 Portionen

Zutaten

100 g gefrorene Mango, in Stücken
100 g gefrorene Ananas, in Stücken
3 EL Pflanzendrink nach Wahl (z. B. Kokosdrink)
2 B. Kokosjoghurt, vegan (à 160 g)

Für das Topping

Obst, Trockenfrüchte & Nüsse nach Wahl (z. B. Granatapfelkerne, Kiwibeeren, Heidelbeeren, Cashewkerne, getr. Maulbeeren, Goji-Beeren)

Das Buch und die Rezepte entstanden in Teamwork – ein Projekt des MixGenuss Teams! Die Rezepte sind alle vegan und voller POWER!

Zubereitung

Gefrorene Mango und Ananas sowie ein Becher Kokosjoghurt in den Mixtopf geben und **5 Sek./Stufe 8** mixen. Mit dem Spatel nach unten schieben. Pflanzendrink zugeben und weitere **5 Sek./Stufe 10** mixen.

Auf zwei Schüsseln aufteilen. Zweiten Becher Kokosjoghurt auf die Schüsseln verteilen und mit Topping nach Wahl dekorieren. Auch lecker mit einem Knusper-Topping!

Pro Portion: 452 kcal | 23 g KH | 8 g EW | 36 g Fett

LIEBESKUCHEN mit Rosenwasser

Backzeit: ca. 40 Min.

Backtemperatur: 160°C Ober-/Unterhitze

Für den Teig

270 g ganze Mandeln
200 g weiche Butter, in Stücken
150 g Zucker
4 Eier
100 g Weizenmehl, Type 405
1 TL Backpulver
2 Msp. Kardamom, gem.
1 Prise Salz
1 kl. Zitrone, Saft davon
1 EL Rosenwasser*

Zum Tränken

2 EL Zucker
1 TL Rosenwasser
1 EL Zitronensaft

Für Guss und Verzierung

300 g Puderzucker
3 EL Zitronensaft
4 EL Wasser
2 EL gehackte Pistazien
1 EL getr. Blüten

12 Stücke

Rosenwasser gibt es entweder in der Apotheke oder im Supermarkt beim Backzubehör.

Aus dem Buch

Zubereitung

Backofen auf 160°C Ober-/Unterhitze vorheizen. Eine Springform (Ø 26 cm) mit Backpapier auslegen und den Rand einfetten.

Mandeln in den Mixtopf geben und **10 Sek./Stufe 8** mahlen. Umfüllen. Butter, Zucker und Eier im Mixtopf **40 Sek./Stufe 6** cremig rühren.

Restliche Teigzutaten sowie Mandeln zugeben und **20 Sek./Stufe 5** verrühren. Alles mit dem Spatel nach unten schieben und noch einmal **10 Sek./Stufe 5** rühren.

Teig in die Springform geben und glatt streichen. Im vorgeheizten Backofen ca. 40 Min. backen. Ca. 20 Min. vor Backzeitende Zutaten zum Tränken in eine Tasse geben und für 1 Min. bei 600 Watt in die Mikrowelle geben. Alternativ in einem kleinen Topf erwärmen. (Der Zucker sollte sich gelöst haben und die Flüssigkeit sollte wieder abkühlen in den 20 Minuten.)

Nach dem Backen mithilfe eines Holzstäbchens Löcher in den noch warmen Kuchen stechen und mit der Flüssigkeit tränken. Vollständig abkühlen lassen.

Für den Guss Puderzucker, Zitronensaft und Wasser in einer Schüssel gut verrühren und auf den Kuchen streichen. Mit gehackten Pistazien und getrockneten Blüten verzieren.

Schmeckt am nächsten Tag fast noch besser. Einfach luftdicht aufbewahren.

Pro Stück: 467 kcal | 48 g KH | 7 g EW | 27 g Fett

Aus dem Heft

Bei meiner alten Arbeitsstelle musste ich den Salat ab und zu zur Mittagspause mitbringen. Alle waren so begeistert!

NUDELSALAT MILLENNIUM

6 Portionen

Zutaten

400 g	Hörnchennudeln
1 Dose	Möhrchen und Erbsen (Abtr.gew. 155 g)
½	rote Paprika
3	Gewürzgurken (90 g)
200 g	Wiener oder Lyoner

Für das Dressing

1	Zwiebel, halbiert
30 g	Öl
140 g	Mayonnaise
25 g	Tomatenketchup
45 g	Balsamicoessig, hell
1 TL	Salz
1 TL	Currypulver
1 TL	Paprikapulver, rosenscharf

NUDELSALAT UND ICH

Fast wie meine Pizzaliebe geht es mir mit Nudelsalaten. Egal wo ich bin, am Hotelbuffet oder auf einem Geburtstag. Wenn es Nudelsalat gibt, kann ich nicht widerstehen!

#Nudelsalatliebe ♡

Zubereitung

Nudeln nach Packungsanweisung in reichlich Salzwasser kochen. Danach kalt abschrecken und in eine große Schüssel geben. Möhrchen und Erbsen absieben und zu den Nudeln geben. Paprika, Gewürzgurken und Wurst klein schneiden und untermischen.

FÜR DAS DRESSING:

Zwiebel im Mixtopf **5 Sek./Stufe 5** zerkleinern.
Mit dem Spatel nach unten schieben. Öl zugeben und **1 Min./Varoma/Stufe 1** dünsten.
Restliche Zutaten zugeben und **10 Sek./Stufe 4** mixen. Zum Nudelsalat geben und alles gut vermischen. 30 Min. ziehen lassen und servieren.

Pro Portion: 611 kcal | 55 g KH | 14 g EW | 37 g Fett

FILET-Pfännchen mit Spätzle

Aus dem Buch

2 Portionen

Zutaten

300 g Spätzle (aus der Kühltheke)
200 g weiße Champignons

350 g Schweinefilet
etwas Öl zum Anbraten

1 Frühlingszwiebel

Für die Soße

1 Knoblauchzehe
1 Zwiebel, halbiert
10 g Öl
400 g Wasser, lauwarm
1 TL Gemüsebrühpulver
1 TL Salz
1 TL Pfeffer, gem.
1 Prise Zucker
150 g Sahne
20 g Weißwein, trocken*
1 EL Zitronensaft
1 TL Senf, mittelscharf

1 EL Speisestärke
1 EL Wasser

*Alkoholfreie Variante: Weißwein ersetzt Ihr duch Wasser.

Zubereitung

Spätzle im Varoma verteilen. Champignons putzen, in Scheiben schneiden und auf dem Einlegeboden verteilen.

Knoblauch und Zwiebel in den Mixtopf geben und **5 Sek./Stufe 5** zerkleinern. Öl zugeben und **2 Min./120°C/Stufe 1** dünsten. Wasser, Gewürze und Zucker in den Mixtopf zugeben. Mixtopfdeckel auflegen, Varoma aufsetzen und **25 Min./Varoma/Stufe 1** garen.

In der Zwischenzeit Speisestärke mit Wasser in einer Tasse verrühren. Schweinefilet in dicke Scheiben schneiden. Kurz vor Ende der Garzeit etwas Öl in einer Pfanne erhitzen und die Medaillons scharf anbraten. Bei mittlerer Hitze fertig braten. Nach Garzeitende Varoma abnehmen und warm halten.

Restliche Zutaten für die Soße zugeben und **2:30 Min./80°C/Stufe 3** erwärmen. Schweinemedaillons mit Spätzle, Champignons und Soße servieren. Wer möchte, kann noch Frühlingszwiebelringe darüber streuen.

TIPP
Statt Spätzle könnt Ihr auch Bandnudeln, Gnocchi oder Schupfnudeln verwenden.

Pro Portion: 839 kcal | 54 g KH | 50 g EW | 45 g Fett

Aus dem Heft

Für mich der leckerste Kuchen aus diesem Heft. So saftig, der zergeht auf der Zunge.

Zitronen-Aprikosen-KUCHEN

9 Stücke

TIPP

Ihr könnt den Teig auch mit anderem Obst belegen, z. B. Rhabarber, Heidelbeeren, Apfel uvm.

Zutaten

2	Eier
100 g	Zucker
1 EL	Vanillezucker
100 g	Öl
1	Bio-Zitrone
50 g	Buttermilch
150 g	Weizenmehl, Type 405
1 geh. TL	Backpulver
5	Aprikosen
1-2 EL	brauner Zucker
etwas	Puderzucker

Zubehör: Brownie-Backform 27 x 26 cm

Zubereitung

Backofen auf 180°C Ober-/Unterhitze vorheizen. Eier, Zucker, Vanillezucker und Öl in den Mixtopf geben und **30 Sek./Stufe 5** mixen. Zitrone heiß waschen, Schale fein abreiben und Saft auspressen.

Zitronensaft, Zitronenschalenabrieb, Buttermilch, Mehl und Backpulver in den Mixtopf zugeben und **20 Sek./Stufe 4** vermengen. Teig in die gefettete Brownieform geben und glatt streichen. Aprikosen halbieren, Kerne entfernen und mit der Schnittfläche nach oben auf den Teig legen.

Kuchen mit braunem Zucker bestreuen und im vorgeheizten Backofen ca. 20-25 Min. backen. Mit Puderzucker bestäubt servieren.

Pro Stück: 239 kcal | 30 g KH | 3.5 g EW | 11 g Fett

Apfel-Mandel-DESSERT

TIPP
Für die Sahnegarnitur eignet sich am besten ein Spritzbeutel mit Rosentülle.

Aus dem Heft

Mit wenigen Zutaten lässt sich dieses tolle Dessert zaubern! Tipp: Noch etwas Zimt zugeben.

8 Gläser

ALTE VERSION:

Zutaten

250 g Sahne
3 EL Zucker
1 kg Äpfel (Boskop)
70 g Weißwein oder Apfelsaft

Für die Mandelbrösel

50 g Butter
75 g Zucker
100 g Mandeln, gem.
(altern. Haselnüsse)

Es gab bereits ein "Dessert im Glas" Heft von uns, dieses erschien im Februar 2014 und war eines der ersten Rezepthefte von MixGenuss!

Zubereitung

Rühraufsatz einsetzen. Sahne und 1 EL Zucker in den Mixtopf geben und auf **Stufe 3.5** unter Sichtkontakt steif schlagen. Umfüllen und kalt stellen.

Äpfel vierteln, schälen und das Kernhaus ausschneiden. In den Mixtopf geben und **3 Sek./Stufe 4** zerkleinern. Weißwein und 2 EL Zucker zugeben und alles mit dem Spatel nach unten schieben. Das Ganze **12 Min./100°C/Sanftrührstufe** kochen. Danach umfüllen und abkühlen lassen.

In der Zwischenzeit Butter in eine beschichtete Pfanne geben und auf hoher Temperatur schmelzen. 75 g Zucker und gemahlene Mandeln zugeben und gut verrühren. So lange erhitzen, bis sich die Mandelmasse bräunlich färbt. Dabei immer wieder wenden. Masse zum Abkühlen auf einen Teller geben.

Zum Schluss die Mandelbrösel mit der Apfelmasse in Gläser schichten und mit Sahne garnieren. Im Kühlschrank etwas durchziehen lassen. Gerne auch über Nacht.

Pro Portion: 178 kcal | 10 g KH | 5 g EW | 13 g Fett

Kürbis-LASAGNE mit Gorgonzola

Aus dem Heft

Kürbis kann so lecker sein! Lange habe ich überlegt, ob ich so ein Heft mache und es ist so toll geworden!

8 Portionen

Zutaten

Für die Tomatensoße

1 Knoblauchzehe
1-2 Schalotten, halbiert
2 Dosen geschälte Tomaten (à 400 g)
1 TL Salz
1 TL Gemüsebrühpulver
1 Prise Chilipulver
1 EL ital. Kräuter, getr.
50 g Sahne

Für die Béchamelsoße

30 g Butter
30 g Mehl
600 g Milch, 1,5%
1 gestr. EL Gemüsebrühpulver
¼ TL Muskat, gem.
½ TL Salz
75 g Gorgonzola

Außerdem

1 kl. Kürbis (z. B. Hokkaido o. Butternut)
etwas Salz
12-15 Lasagneplatten
200 g geriebener Mozzarella

Zubereitung

Kürbis im Ganzen in den Backofen geben und bei 150 °C ca. 30 Min. vorgaren. Danach in kleine Würfel schneiden und mit etwas Salz würzen.

Für die Tomatensoße Knoblauch und Schalotten **5 Sek./Stufe 5** zerkleinern. Restliche Zutaten für die Soße zugeben, **10 Sek./Stufe 5** mixen und anschließend **10 Min./100°C/Stufe 1** kochen. Umfüllen und Mixtopf spülen.

Für die Béchamelsoße Butter im Mixtopf **2 Min./100°C/Stufe 1** schmelzen. Mehl zugeben und **2 Min./100°C/Stufe 1** anschwitzen. Restliche Zutaten (außer Gorgonzola) zugeben und **7 Min./80°C/Stufe 3** erhitzen. Gorgonzola zugeben und **20 Sek./Stufe 3** rühren.

Nun die Lasagne schichten: Auf den Boden der Form etwas Tomatensoße geben und die erste Schicht Nudelplatten. Wieder Tomatensoße und Kürbiswürfel darauf verteilen. Etwas Béchamelsoße darauf geben und wieder Nudeln. So weiterverfahren, bis alle Zutaten verarbeitet wurden. Mit Käse bestreuen und im Backofen bei 180 °C Ober-/Unterhitze ca. 35-40 Min. garen.

Pro Portion: 447 kcal | 56 g KH | 19 g EW | 16 g Fett

AUS DEM OFEN:

TORTELLINI

mit 2erlei Soßen

TIPP
Rezept kann verdoppelt werden.

6 Portionen

Zutaten

1 kg	Tortellini mit Spinat-Ricotta-Füllung (Kühltheke)
200 g	geriebener Mozzarella

Für die rote Soße

1	Knoblauchzehe
1	Zwiebel, halbiert
1 EL	Röstzwiebeln
1 EL	Olivenöl
1 Fl.	passierte Tomaten (680 g)
100 g	Wasser, lauwarm
1 EL	Pizzagewürz
1 TL	Balsamicoessig, hell
1 TL	Salz
¼ TL	Pfeffer, gem.
1 TL	Gemüsebrühpulver

Für die weiße Soße

60 g	Parmesan, in Stücken
250 g	Ricotta
200 g	Crème légère
75 g	Kochsahne, 15%
2 TL	Oregano, getr.
1 TL	Gemüsebrühpulver
¼ TL	Pfeffer, gem.

Zubereitung

Tortellini auf ein tiefes Backblech geben und verteilen. Backofen auf 180°C Umluft vorheizen.

Zuerst die rote Soße zubereiten:

Knoblauch, Zwiebel und Röstzwiebeln in den Mixtopf geben und **5 Sek./Stufe 5** zerkleinern. Mit dem Spatel nach unten schieben. Öl zugeben und **3 Min./Varoma/Stufe 1** dünsten. Restliche Zutaten für die rote Soße zugeben und **5 Min./100°C/Stufe 2** erhitzen. Soße über die Tortellini geben. Mixtopf spülen.

Nun die weiße Soße zubereiten:

Parmesan in Stücken in den Mixtopf geben und **10 Sek./Stufe 8** reiben. Restliche Zutaten für die weiße Soße zugeben und **5 Min./100°C/Stufe 2** erhitzen. Soße über die Tortellini geben und mit geriebenem Käse bestreuen.

Im vorgeheizten Backofen ca. 20 Min. gratinieren.

Aus dem Buch

Wer möchte, kann auch etwas gegartes Gemüse dazugeben, z.B. Erbsen, gebratene Champignons, Zucchini usw.

Fleischliebhaber können anstelle der roten Soße auch eine Bolognesesoße verwenden. Auch toll!

Pro Portion: 756 kcal | 71 g KH | 47 g EW | 35 g Fett

SHRIMP NOODLE BOWL

4 Portionen

Zutaten

- 1 Stück Ingwer (haselnussgroß)
- 1 Knoblauchzehe
- 100 g Kaiserschoten, halbiert
- 50 g rote Zwiebel
- 100 g rote Paprika
- 100 g Karotte
- 50 g Kokosöl
- 2 Dosen Kokosmilch, fettreduziert (à 400 g)
- 100 g Wasser
- 2 TL Gemüsebrühpulver
- ¼ TL Pfeffer, gem.
- ¼ TL Kurkuma, gem.
- 1 TL Salz
- 1 TL rote Thaicurrypaste
- 3 Frühlingszwiebeln
- 1 Handvoll Koriander, gehackt
- 1 TL Limettensaft
- 250 g Garnelen, gekocht, küchenfertig
- 1 TL Sojasauce
- 70 g Woknudeln

Aus dem Buch

Auch ein tolles Partygericht. Wer die doppelte oder dreifache Menge zubereitet, sollte einen Kochtopf benutzen. Kann vorbereitet werden und dann einfach wieder erhitzt werden.

Zubereitung

Ingwer und Knoblauchzehe im Mixtopf **5 Sek./Stufe 7** zerkleinern. Kaiserschoten halbieren, Zwiebel und Paprika in feine Streifen schneiden und Karotte in Scheiben hobeln. Alles zusammen mit dem Kokosöl zugeben und **4 Min./Varoma/Sanftrührstufe** garen. Kokosmilch, Wasser, Gemüsebrühpulver, Pfeffer, Kurkuma, Salz und Currypaste zugeben und **8 Min./100°C/Sanftrührstufe** erhitzen.

In der Zwischenzeit Frühlingszwiebeln in Ringe schneiden. Restliche Zutaten (außer Woknudeln) zugeben und weitere **5 Min./100°C/Sanftrührstufe** kochen. Zum Schluss Woknudeln hinzufügen und nochmal **3 Min./100°C/⟲/Stufe 0.5** garen.

Pro Portion: 387 kcal | 22 g KH | 16 g EW | 25 g Fett

FISCHSUPPE

mit Dip

Aus dem Buch

*Tipp: Auf unserem YouTube Channel findet Ihr ein Video, wie man frische Garnelen richtig putzt und schält.

TIPP

Ihr könnt auch andere Fischsorten verwenden, z. B. Rotbarsch, Seelachs, Wolfsbarsch, Steinbutt, Skrei usw.

6 Portionen

Zutaten

2	kl. Knoblauchzehen
1	rote Zwiebel, halbiert
25 g	Butter
25 g	Mehl
1	kl. Karotte (60 g)
½	rote Paprika (70 g)
1 Stange Sellerie (50 g)	
1 EL	Öl
50 g	Hummerpaste (altern. Krustentierpaste)
400 g	Fischfond
450 g	Wasser, lauwarm
90 g	Weißwein, trocken
1 TL	Salz
1 EL	Gemüsebrühpulver
¼ TL	Pfeffer, gem.
½ TL	Zucker
etwas	Rosmarinnadeln, gehackt
30 g	Sahne
200 g	Lachsfilet
200 g	Kabeljau
200 g	Garnelen, roh, geschält, entdarmt*
etwas	Petersilie zum Bestreuen

Zubereitung

Knoblauch und Zwiebel in den Mixtopf geben und **5 Sek./Stufe 6** zerkleinern. Mit dem Spatel nach unten schieben. Butter zugeben und **2 Min./100°C/Stufe 1** dünsten. Mehl zugeben und **2 Min./100°C/Stufe 1** anschwitzen.

Gemüse klein würfeln und zusammen mit Öl, Hummerpaste, Fischfond, Wasser, Weißwein, Gewürzen und Rosmarin zugeben. Suppe nun **15 Min./100°C/Stufe 1** kochen.
In der Zwischenzeit Fisch und Garnelen putzen und würfeln.

Nach der Garzeit Mixtopfdeckel abnehmen, Sahne hinzufügen und die Suppe auf 90°C abkühlen lassen (ca. 5 Min.). Fischwürfel und Garnelen zugeben und das Ganze **6 Min./80°C/Sanftrührstufe** ziehen lassen.

Nicht mehr kochen, sonst tritt das Eiweiß aus dem Fisch aus. Zum Schluss mit Petersilie bestreuen und mit Dip (siehe nächste Seite) und Weißbrot servieren.

Pro Portion: 738 kcal | 19 g KH | 32 g EW | 57 g Fett

DIP
zu Fischsuppe

Zutaten

1	kl. rote Peperoni, entkernt
125 g	Crème fraîche
125 g	Mayonnaise
1 TL	Senf, mittelscharf
1 TL	Worcestersauce
1 gestr. TL	Paprikapulver, rosenscharf
1 gestr. TL	Salz
etwas	Pfeffer, frisch gem.
½ TL	Zwiebeln, granuliert
½ TL	Knoblauch, granuliert
½ TL	Zucker
1 TL	Zitronensaft

Zubereitung

Peperoni im Mixtopf **6 Sek./Stufe 6** zerkleinern. Restliche Zutaten zugeben und **10 Sek./Stufe 3** mixen. Alles mit dem Spatel nach unten schieben und **20 Sek./Stufe 2.5** cremig rühren.

Serviert den Dip mit Weißbrot zur Fischsuppe (s. Seite 163).

TIPP
Der Dip ist auch sehr lecker zu gegrillten Garnelen!

2 Portionen

OFEN-TOMATEN

MIT BURRATA

BELLA ITALIA

Zutaten

250 g	Cocktailtomaten
etwas	Salz & Zucker
etwas	ital. Kräuter, getr.
2 EL	Olivenöl
1	Burrata (100 g)
ein paar Minzblätter	
25 g	Pistazienkerne, ungesalzen
2 EL	Balsamicoessig, dunkel
2 TL	Honig

Zubereitung

Cocktailtomaten halbieren und mit der Schnittfläche nach oben auf ein Backblech oder in eine Auflaufform legen. Mit Salz, Zucker und ital. Kräutern würzen. Olivenöl darüber träufeln und im vorgeheizten Backofen bei 160°C Umluft ca. 20 Min. backen.

Burrata klecksartig darüber geben. Mit Minze und Pistazienkernen bestreuen. Balsamicoessig und Honig darüber geben. Fertig!

Aus dem Heft

Wer keinen Burrata bekommt, kann auch kleine Mozzarella-bällchen verwenden.

Pro Portion: 360 kcal | 17 g KH | 9 g EW | 27 g Fett

VORBEREITUNG:
Pfirsiche in Würfel schneiden und einfrieren.

FROZEN

Sex on the Beach

2 Gläser à 250 ml

Zutaten

400 g	Pfirsiche, gefroren
50 g	weißer Rum o. Wodka
30 g	Pfirsichlikör
100 g	Orangensaft
6 EL	Cranberrysaft

Aus dem Heft

Die meisten Drinks in diesem Heft habe ich im sonnigen Mallorca gemixt und zusammen mit Freunden angestoßen.

Zubereitung

Alle Zutaten (außer Cranberrysaft) in den Mixtopf geben und **20 Sek./Stufe 8** mixen.

In jedes Glas 3 EL Cranberrysaft geben und die geeiste Pfirsichmasse darauf geben. Nach Belieben dekorieren.

Alkoholfreie Variante:
Rum ersetzt Ihr durch Wasser mit Rumaroma und statt Likör nehmt Ihr mehr Orangensaft.

Pro Glas: 210 kcal | 28 g KH | 2 g EW | < 1 g Fett

Zutaten

1 gr. Handvoll Crushed Ice (siehe Tipp unten)
¼ kl. Honigmelone
2-3 feine Gurkenscheiben
1 TL Limettensaft
3 EL Gin (30 ml)
200 ml Tonic Water
ein paar Minzblätter

Zubereitung

Zuerst das Glas mit Eiswürfeln füllen. Von der Honigmelone Kugeln ausstechen oder klein würfeln. Melone und 2-3 Gurkenscheiben ins Glas geben und mit Gin und Tonic Water aufgießen. Mit Minze garniert servieren.

Tipp
Crushed Ice

Ganz einfach im Thermomix herzustellen. Für ein Glas Crushed Ice braucht man 170 g Eiswürfel. Diese im Mixtopf **3 Sek./Stufe 5** zerkleinern.

Mix it

Pro Glas: 220 kcal | 31 g KH | 1 g EW | < 1 g Fett

8 Stücke

TIRAMISU TARTE

Für den Teig

150 g Weizenmehl, Type 405
50 g Mandeln, gem.
100 g Butter, kalt, in Stücken
1 Ei
50 g Zucker
1 Prise Salz

Für die Schokoschicht

100 g Zartbitterschokolade, 60% Kakaoanteil
15 g Amaretto
1 Stick lösliches Espressopulver (ca. 2 g)
75 g Sahne

Für die Creme

500 g Mascarpone
1 Eigelb, sehr frisch
50 g Zucker
30 g Amaretto

Zum Bestäuben:
etwas Backkakao

Zubehör: rechteckige Tarteform 13-14 cm x 33-36 cm oder runde Tarteform ø 26 cm

Zubereitung

Teigzutaten in den Mixtopf geben und **30 Sek./Stufe 4** vermengen. Teig zu einer Kugel formen und für 30 Min. in den Kühlschrank stellen. Backofen auf 175°C Ober-/Unterhitze vorheizen.

Teig zwischen zwei Lagen Frischhaltefolie ausrollen. Die Tarteform fetten und mit Teig auslegen. Überstehende Ränder abschneiden. Den Teig mit Backpapier belegen und Blindbackkugeln oder getrocknete Hülsenfrüchte darauf geben. Im vorgeheizten Backofen 15 Min. blind backen. Danach Backpapier mit Kugeln entfernen und weitere 10 Min. backen. Vollständig abkühlen lassen. Mixtopf spülen.

Für die Schokoschicht Schokolade in kleine Stücke schneiden und zusammen mit Sahne, Amaretto und Espressopulver **2-3 Min./80°C/Stufe 2** schmelzen. Auf den kalten Boden gießen und Form für 10 Min. ins Gefrierfach stellen. Mixtopf spülen.

Alle Zutaten für die Mascarponecreme im Mixtopf **15 Sek./Stufe 3.5** cremig rühren. In einen Spritzbeutel mit Lochtülle füllen und auf die Tarte spritzen. Vor dem Servieren für mind. 3 Std. in den Kühlschrank stellen und dann erst mit Backkakao bestäuben.

Für eine schöne Optik:
Tupft die Creme mit einem Spritzbeutel auf die Tarte, am besten eignet sich hierfür eine Lochtülle.

Dieses Buch machte mir besonders viel Spaß. Das Backen von den tollen Tartes geht schnell und sie sind einfach so schön.

Pro Cupcake: 527 kcal | 63 g KH | 6 g EW | 28 g Fett

Poğaça

Teigtaschen

mit Hackfleisch-Füllung

10 Stück

Zutaten

- 15 g frische Hefe
- 2 TL Zucker
- 1 TL Salz
- 120 g Wasser
- 1 Ei
- 80 g Butter
- 450 g Weizenmehl, Type 405
- 130 g Naturjoghurt, 3,5 %

Zum Bestreichen

- 1 Eigelb mit 1 EL Öl vermengt
- 1 EL Schwarzkümmelsamen

Für die Füllung

- 1 Zwiebel, halbiert
- 2 EL Öl
- 1 TL Tatlı Biber Salçası (Paprikamark, mild)
- 1 TL Acı Pul Biber Tatlı (süße türkische Paprikaflocken)
- 200 g Rinderhackfleisch
- etwas Petersilie, gehackt
- 1 TL Paprikapulver, edelsüß
- etwas Salz & Pfeffer
- 1 Eiweiß

- etwas Öl zum Anbraten

Zubereitung

Hefe, Zucker, Salz, Wasser, Ei und Butter im Mixtopf **2 Min./37°C/Stufe 1** erwärmen. Mehl und Joghurt zugeben und **4 Min./Teigstufe** kneten. Teig umfüllen und abgedeckt ca. 1 Std. gehen lassen.

In der Zwischenzeit Füllung zubereiten. Zwiebel in den Mixtopf geben und **5 Sek./Stufe 5** zerkleinern. Mit dem Spatel nach unten schieben. Öl, Paprikamark und Paprikaflocken zugeben und **2 Min./Varoma/Stufe 1** dünsten.

Hackfleisch, Petersilie, Paprikapulver sowie etwas Salz und Pfeffer zugeben und **10 Sek./⟲/Stufe 3** vermengen. Masse umfüllen und etwas abkühlen lassen. Eiweiß unterrühren. Hackfleischmasse in einer Pfanne mit etwas Öl anbraten. Abkühlen lassen.

Teig in kleine Portionen (à ca. 50 g) teilen und rund rollen. Auf etwas Mehl zu Fladen (Ø 10 cm) ausrollen. Etwas Füllung in die Mitte geben. Den Rand zur Hälfte mit Eigelb bestreichen und den Teig über die Füllung schlagen. Teigtasche gut verschließen (siehe Bild) und auf ein mit Backpapier belegtes Backblech legen. Mit Eigelb-Öl-Mischung bestreichen und mit Schwarzkümmelsamen bestreuen. Im vorgeheizten Backofen bei 180°C Umluft ca. 20 Min. backen.

Pro Teigtasche: 314 kcal | 35 g KH | 11 g EW | 13 g Fett

IMPRESSUM

© C. T. Wild Verlag & Handel GmbH
Saueracker 7, D-93309 Kelheim
Tel. 09441 703772-0
Email: info@mixgenuss.de
www.mixgenuss.de

1. Auflage - November 2021
ISBN-Nr.: 978-3-96181-047-5

Autorin: Corinna Wild
Gestaltung & Layout: Eva Gruber

Rezeptfotos: © Corinna Wild, © Cornelia Sieder, © Stefanie Kruse, © Tanja Lorenz, © Manuela Herzfeld
Bilder von Adobe Stock: © nata_vkusidey, © valentinamaslova, © baksiabat, © Dariia, © lenkaserbina, © davooda, © olga_bonitas, © monamonash, © nafanya241, © teploleta © PureSolution, © HandmadePictures, © fahrwasser, © neuevector, © MissesJones

Druck & Bindung:
Grafisches Centrum Cuno GmbH & Co. KG,
39240 Calbe (Saale)

Abkürzungen

Bd.	= Bund
EL	= Esslöffel
Fl.	= Flasche
g	= Gramm
geh.	= gehäuft
gem.	= gemahlen
gestr.	= gestrichen
getr.	= getrocknet
gr.	= groß
kg	= Kilogramm
kl.	= klein
↺	= Linkslauf
Msp.	= Messerspitze
Min.	= Minuten
P.	= Päckchen
Sek.	= Sekunden
Spr.	= Spritzer
St.	= Stück
TL	= Teelöffel
TK	= tiefgekühlt

Thermomix Modelle

Ihr könnt alle Gerichte im TM6, TM5 oder TM31 zubereiten. Wenn Ihr die Gerichte im **TM31** zubereiten möchtet, bitte Folgendes beachten:

- Statt **120°C** verwenden Ihr **Varoma**.
- Statt **Stufe 0.5** stellt Ihr **Sanftrührstufe** ein.
- Gemüsemenge im Varoma ggf. reduzieren, sollte dieser zu voll sein.
- Bei Gerichten mit Reis im Gareinsatz bitte die Wassermenge von 1.200 g auf 1.000 g reduzieren.

Rezeptinfo

Soweit nichts anderes angegeben ist, muss der Mixtopf zwischen den Arbeitsgängen NICHT gespült werden.

Die Zutaten werden immer geschält, geputzt, entkernt etc. verwendet. Zum Beispiel: Knoblauchzehen vorher schälen, Tomaten vorher entstielen, Himbeeren vorher waschen usw.

Social Media Channels

Lust auf noch mehr Rezepte?

Immer auf dem aktuellen Stand sein, neue Rezeptideen entdecken und Einblicke in unsere neuesten Projekte haben. Dann folgt uns auf Facebook, Instagram & Co.

Ihr möchtet auch mal hinter die Kulissen blicken, wenn wir in unserer Versuchsküche fleißig neue Rezepte ausprobieren?
Schaut doch mal auf unserer Instagram-Seite vorbei, dort teilen wir täglich unsere tollsten Augenblicke mit Euch.

Instagram
www.instagram.com/mixgenuss

Facebook
www.facebook.com/mixgenuss

Pinterest
www.pinterest.de/mixgenuss

Kennt Ihr schon unseren

MixGenuss BLOG?

Auf unserem MixGenuss Blog findet Ihr immer unsere neuesten kostenlosen Rezeptideen! Egal ob Hauptgerichte, Kuchen, Desserts oder Snacks, hier findet Ihr zu jedem Anlass das passende Rezept. Entdeckt auch interessante Tipps & Tricks rund um den Thermomix!

www.mixgenuss-rezepte.de